A experiência da misericórdia em TERESA DE JESUS

Everton Ricardo Berny Machado

A experiência da misericórdia em TERESA DE JESUS

Paulinas

Dados Internacionais de Catalogação na Publicação (CIP)
Angélica Ilacqua CRB-8/7057

Machado, Everton Ricardo Berny
A experiência da misericórdia em Teresa de Jesus / Everton Ricardo Berny Machado. -- 1. ed. -- São Paulo : Paulinas, 2025.
144 p.

ISBN 978-65-5808-390-0

1. Teresa, de Ávila, Santa, 1515-1582 2. Misericórdia 3. Teresa, de Ávila, Santa. Livro da vida – Crítica e interpretação 4. Misticismo - Igreja Católica I. Título

25-4667 CDD 922.22

Índice para catálogo sistemático:

1. Teresa, de Ávila, Santa, 1515-1582

1ª edição – 2025

Direção-geral: *Ágda França*
Editor responsável: *João Décio Passos*
Coordenação de revisão: *Marina Mendonça*
Copidesque e revisão: *Ana Cecilia Mari*
Gerente de produção: *Felício Calegaro Neto*
Diagramação: *Telma Custódio*

Cadastre-se e receba nossas informações
paulinas.com.br
Telemarketing e SAC: 0800-7010081

Paulinas

Rua Dona Inácia Uchoa, 62
04110-020 – São Paulo – SP (Brasil)
(11) 2125-3500
editora@paulinas.com.br

Muitas vezes pensei, espantada,
na grande bondade de Deus, ficando minha alma
maravilhada ao ver sua grande magnificência e
misericórdia. Bendito seja ele por tudo, pois sempre vi
com grande clareza que, mesmo nesta vida,
ele não deixa de recompensar nenhum bom desejo (V 4,10).

Sumário

Abreviaturas e siglas

A =	Avisos
C =	Caminho de Perfeição
CE =	Caminho de Perfeição do Escorial
Cst =	Constituições
Cta =	Cartas
DV =	Constituição dogmática *Dei Verbum*
F =	Livro das Fundações
M =	Livro Castelo Interior ou Moradas
P =	Poesia
Pról F =	Prólogo Livro das Fundações
Pról V =	Prólogo Livro da Vida
Rel =	Relações
Tít V =	Título Livro da Vida
V =	Livro da Vida

Introdução

O livro visa estudar a experiência da misericórdia divina, realizada por Teresa de Jesus, a qual foi narrada nos nove primeiros capítulos do Livro da Vida. O presente estudo se detém na parte inicial da narrativa teresiana, que corresponde ao preâmbulo da sua vida mística. O objetivo aqui não é aprofundar os seus fenômenos místicos, a sua doutrina espiritual, o seu legado eclesial ou a relevância da sua figura para os nossos dias. Este estudo busca aprofundar a raiz de todos esses legados, pois se pergunta sobre o fundamento da vida mística, aqui entendida como sinônimo de vida cristã.

A análise do texto teresiano permite levantar a hipótese de que o fundamento da vida cristã é a experiência da misericórdia. Com base nisso, esta obra se centrará na misericórdia enquanto ação de Deus em relação a suas criaturas. A misericórdia é um atributo divino, pois expressa o próprio ser de Deus. Portanto, o propósito do estudo feito aqui não será a misericórdia em relação ao próximo, pois essa última aparece como momento subsequente da primeira. Jesus mesmo apresenta a misericórdia ao próximo como derivada da misericórdia do Pai. "Sede misericordiosos como vosso Pai é misericordioso" (Lc 6,36).

A escolha por analisar a experiência teresiana ocorreu pelo fato de ser ela a fonte da sua doutrina. Teresa de Jesus não é uma teóloga de profissão, não possui estudos acadêmicos, por isso, algumas vezes lhe falta a precisão da linguagem. Ela escreve por saber-se portadora de vivências espirituais e por entender que pode ajudar seus leitores nesse caminho. O seu objetivo não é narrar fatos da sua vida, mas apresentá-los como exemplo da ação misericordiosa de Deus. Essa abordagem se justifica porque Teresa escreve desde a sua experiência pessoal e deseja conduzir outras pessoas à experiência da graça divina. Para que emerja com melhor nitidez a sua experiência, optou-se por citar diversas vezes o texto teresiano, permitindo ao leitor o contato direto com a vivacidade das suas palavras.

Os estudos teresianos passaram por uma profunda revisão nas últimas décadas, devido à crítica textual das suas obras, realizada por autores como: Tomás Álvarez, Jesús Castellano, Teófanes Egido e Secundino Castro. Porém, o tema da misericórdia, em Teresa de Jesus, não foi suficientemente aprofundado. Encontramos alguns ensaios que abordam o assunto de forma geral e introdutória. Nesse aspecto, uma contribuição importante é a obra de Marie-Joseph Huguenin, *L'esperienza dela divina misericórdia in Teresa di Gesù: saggio di sintesi dottrinale sulla Santa d'Avila*, em que o autor analisa o conceito de misericórdia no conjunto das obras teresianas.

O tema da misericórdia emerge hoje como um imperativo indispensável para compreender o ser cristão. O seu magistério procura resgatar a centralidade do Evangelho e os seus valores básicos. Jesus apresenta o rosto do Pai, que é misericórdia. Este livro não tem por finalidade estabelecer um paralelo entre o magistério do Papa Francisco sobre a misericórdia e a experiência da misericórdia teresiana. No entanto, será possível perceber como tal temática sempre esteve presente nos autores cristãos.

Além disso, o presente livro pretende colaborar na superação da distância entre a Teologia dogmática e a vivência concreta dos fiéis. Johann Baptist Metz fala de um profundo cisma entre dogmática e mística. Ao longo dos séculos, a experiência mística foi relegada ao âmbito da subjetividade, sendo, portanto, considerada sem relevância para a dogmática, que se ocupou de formulações objetivas. Por isso, será aqui estudada a relevância da Teologia narrativa como um instrumento de superação dessa divisão entre doutrina e vida cristã, tomando como exemplo a autobiografia teológica de Teresa de Jesus.

A obra possui caráter bibliográfico e se utiliza de autores especializados no estudo das obras de Teresa de Jesus. O estudo exigiu um trabalho de constante tradução, já que grande parte do material publicado em espanhol não foi traduzido ao português. Ao citarmos os textos teresianos, seguimos a tradução das Edições Loyola, propondo raras vezes alguma alteração, para melhor representar a ideia original da autora.[1]

---

1 SANTA TERESA DE JESUS. *Obras completas*. 3. ed. São Paulo: Edições Carmelitana/Loyola, 2008. (Ver também a tradução de Paulinas Editora, feita por Jaime A. Clasen: SANTA TERESA D'ÁVILA. *Obras completas*, São Paulo, 2018.)

O primeiro momento do itinerário de pesquisa consiste em contextualizar a autora. Teresa pertence à Cristandade espanhola do século XVI, momento histórico marcado por uma efervescência religiosa popular e um crescente controle institucional. Ela vivencia as dores e as alegrias desse momento histórico na própria pele. Ao analisar a Cristandade espanhola, a efervescência dos movimentos espirituais, as leituras e mestres teresianos e, também, ao traçar o seu perfil biográfico, a pesquisa visa perceber a ligação que tudo isso tem com a experiência teresiana da misericórdia divina.

O estudo do Livro da Vida, sobretudo dos seus nove primeiros capítulos, representa o segundo momento desse itinerário. Aqui se procurará analisar o tema da misericórdia como elemento fundamental dessa obra. O Livro da Vida foi chamado pela própria autora de Livro das Misericórdias, e, diversas vezes, ela manifestou o seu intuito de, a exemplo do salmista, cantar as misericórdias divinas. Aqui se verificará no que consistiu a sua experiência da misericórdia e a sua relação com o tema da oração, que é de capital importância no magistério teresiano.

O terceiro momento desse percurso visa propor uma leitura teológica do Livro da Vida, a partir do conceito de Teologia narrativa. Aqui se apresentará a Teologia narrativa e se discutirá sobre a sua relevância na superação do distanciamento entre dogmática e mística. Por fim, procurar-se-á estabelecer alguns enunciados teológicos a partir do estudo feito nos nove primeiros capítulos do Livro da Vida.

1. Teresa de Jesus e seu contexto histórico

Teresa de Ahumada nasceu no dia 28 de março de 1515, na cidade espanhola de Ávila. Era filha das segundas núpcias de Alonso Sánchez de Cepeda com Beatriz Ahumada. Cronologicamente, podemos dividir a sua vida em três partes: vida de Teresa em família (1515-1535), monja carmelita no Mosteiro da Encarnação (1535-1562) e fundação do novo Carmelo (1562-1582).[1] Nesse último período, destacamos três dimensões da sua maturidade cristã e eclesial: mística, fundadora e escritora.

Teresa é reconhecida na Igreja como uma grande mística, sendo portadora de diversas graças místicas. No entanto, o nosso objetivo não é estabelecer um estudo sobre os fenômenos místicos, nem mesmo estudar o seu significado teológico. Conforme constata Maurício del Blanco ao se referir aos fenômenos místicos, "estes não são necessários para a santidade. Nem são elementos constitutivos da perfeição cristã. Foi assim que a santa o experimentou e o afirma com firmeza".[2] As graças místicas podem ser entendidas

1 Para uma cronologia detalhada: ÁLVAREZ, 2009f, p. 653-665.
2 DEL BLANCO, p. 366, ago. 1981.

como capacitações divinas para desempenhar a missão que a ela foi confiada.

Na vida de Teresa de Jesus, as graças místicas são o substrato da sua missão apostólica. As fundações teresianas surgem como fruto da sua experiência mística e são confirmadas por ela, mas o horizonte a que se destinam é sempre o eclesial. Não se pode esquecer que tanto a primeira como as dezesseis fundações seguintes foram instituídas em meio a muitas dificuldades e contrariedades, fazendo valer o propósito de padecer, por Cristo, todas as contrariedades, a fim de cumprir a sua vontade.

A oposição mais dura dava-se pela sua condição de mulher, pois era obrigada à clausura, ao mesmo tempo que se via envolvida em viagens e negócios diversos. O tema de Teresa como fundadora de uma nova família religiosa, ainda hoje, é fonte de polêmicas e discussões. Tomás Álvarez resgata tanto o aspecto histórico quanto teológico desse título:

> Este título de fundadora comporta dupla referência: do ponto de vista histórico, refere-se à ereção de novos Carmelos e à liderança que ela exerce sobre o grupo. Porém, num calado mais profundo do ponto de vista teológico, Teresa é fundadora enquanto dotada de carisma especial, que lhe confere uma missão dentro da Igreja; dele ela tem clara consciência e testifica-o expressamente.[3]

3 ÁLVAREZ, 2011, p. 76.

Um quadro cronológico das fundações é suficiente para demonstrar a sua fecunda e intensa atividade fundacional: Ávila (1562); Medina del Campo (1567); Malagón (1568); Valladolid (1568); Duruelo (1568), onde, com Frei João da Cruz, inicia entre os frades a nova família carmelitana; Toledo (1569); Pastrana (1569); Salamanca (1570); Alba de Tormes (1571); Segóvia (1574); Beas (1575); Sevilha (1575); Caravaca (1576), organizada por ela, embora não fosse quem concretizou a fundação; Villanueva de la Jara (1580); Palência (1580); Sória (1581); Granada (1582), organizada por ela e concretizada por Ana de Jesus e Burgos (1582), poucos meses antes de sua morte.

Outro desdobramento das suas graças místicas são os seus escritos. Teresa, como o apóstolo Paulo, acompanha as novas comunidades com uma série de cartas de cunho orientativo e doutrinal. Mas é nas suas obras maiores que ela exerce com maestria o seu magistério: o Livro da Vida é uma autobiografia teológica; o Caminho de Perfeição é um catecismo sobre a oração; o Livro das Fundações narra a sua aventura fundacional; o Livro Castelo Interior é um itinerário da vida espiritual sobre o simbolismo das moradas.

A pesquisa sobre a experiência da misericórdia de Teresa de Jesus, narrada no Livro da Vida 1-9, inicia procurando analisar o contexto histórico da autora. Toda e qualquer experiência está vinculada a uma visão de mundo, que é construída pelos diversos elementos que compõem a sociedade, tal como: a situação social, política, econômica e religiosa. Não é possível entender a experiência teresiana desvinculada de seu contexto histórico.

A Cristandade espanhola do século XVI é essa esfera bastante ampla a ser analisada na primeira seção, para situar a autora e sua obra. Não se trata de caracterizar todos os aspectos desse período histórico, mas simplesmente de destacar os mais relevantes, os que impactaram de modo decisivo o pensamento teresiano. Desse modo, a primeira seção visa responder à pergunta: quais os aspectos mais importantes do contexto histórico que podem ter ajudado na experiência teresiana da misericórdia?

O século XVI, na Espanha, é palco da efervescência de movimentos espirituais, que, de um lado, produziram grandes autores espirituais e, de outro, grupos heterodoxos. Ambos os grupos comungavam da mesma insatisfação com respeito à estrutura eclesial da época. Diante disso, a resposta da hierarquia foi recrudescer o controle e a vigilância sobre ambos os grupos, tornando todos passíveis de suspeita e condenação.

A pesquisa realizada na segunda seção irá explorar em que Teresa de Jesus é devedora desses movimentos e no que ela diverge deles. Ao mesmo tempo, procurará compreender se o tema da misericórdia se faz presente nesses grupos. Três movimentos espirituais serão analisados nessa seção, a saber: *Devotio moderna*, o recolhimento e os alumbrados.

A terceira seção deste capítulo irá analisar as leituras e os mestres que influenciaram Teresa de Jesus na elaboração do seu pensamento. Eles ajudaram na interpretação das experiências místicas[4] vivenciadas por ela. O objetivo é saber se esses autores trataram do tema da misericórdia e identificar qual a obra que terá influenciado Teresa na compreensão de um Deus misericordioso. Essa seção partirá de três enfoques: das Sagradas Escrituras, dos Padres da Igreja e de diversos autores espirituais contemporâneos da Madre Teresa.

A Cristandade espanhola do século XVI

Ao contextualizar o ambiente histórico de Teresa de Jesus, deparamo-nos com outra mulher de singular importância para a história política da Península Ibérica: Isabel. Católica, ela nasceu em 1451, era filha de João II de Castela e de Isabel de Portugal, e reinou sobre Castela e Leão de 1475 até a sua morte em 1504. O matrimônio com Fernando II permitiu estender o reinado ao trono de Aragão. Os reis católicos foram responsáveis pela reconquista de Granada, expulsando os mulçumanos da Península Ibérica em 1492. No mesmo ano, decretaram a expulsão dos judeus

[4] A mística é uma experiência interior, no mais profundo do ser humano, onde só Deus habita, e que lhe permite unir-se com Deus e contemplar as verdades transcendentes, deixando impresso no seu íntimo o verdadeiro sentido das coisas e da vida. A mística, em sentido cristão, é o pleno desenvolvimento da vida do Espírito no fiel que vive e testemunha a sua fé.

praticantes das coroas de Castela e Aragão e de seus territórios e possessões. Assim, buscavam consolidar a unidade política por meio da unidade religiosa.

Na Cristandade, é difícil estabelecer os limites entre o trono e o altar, por isso, no reinado de Isabel, a reforma religiosa acontecia paralela à reforma política. Determinante nesse cenário é a figura do Cardeal Cisneros,[5] que foi frade franciscano, confessor e conselheiro da Rainha Isabel, arcebispo de Toledo, primaz da Espanha, supremo inquisidor, regente da Espanha por duas vezes e fundador da Universidade de Alcalá de Henares. A pedido da rainha, ele empreendeu uma reforma no clero secular que obteve grande êxito, sobretudo, procurou valorizar a cultura e as letras promovendo a publicação de diversas obras, entre elas a primeira edição da Bíblia poliglota.

Conforme constata Tomás Álvarez, "a reforma católica na Espanha é anterior ao Concílio de Trento [...] Cisneros é considerado o líder dessa reforma".[6] O movimento de reforma implantado por Cisneros alcançou os diversos estamentos da sociedade. No entanto, o eixo central dessa reforma foi o clero. A respeito da vida do clero do século XVI, Eulogio Pacho ressalta: "É opinião geral que, em meados do século, o clero espanhol superou os estrangeiros da época

---

5 Para um estudo sobre a figura e relevância do Cardeal Cisneros, indicamos a obra de BATAILLON, 1950, p. 1-86.

6 ÁLVAREZ, 1996, p. 407.

devido à sua formação e teor de vida, como consequência da reforma cisneriana no início do século".[7]

A obra de renovação eclesial, realizada por Teresa de Jesus, foi precedida por esses grandes movimentos reformistas no interior da Igreja espanhola, promovidos por Cisneros, mas levados a cabo por grandes homens, como Juan de Ávila, Inácio de Loyola, Pedro de Alcântara, entre outros. Outro dado de capital importância para a efervescência de movimentos espirituais foi o auge da tipografia espanhola, que publicou um cabedal de livros, fomentando a oração e a piedade popular.[8]

A Inquisição Espanhola

A reforma proposta pelos reis católicos e continuada pelos seus sucessores requeria um organismo forte, coeso, de cunho coercitivo, que unisse o povo em torno aos valores da Cristandade. A Inquisição Espanhola foi estabelecida em 1478 com a finalidade de manter a ortodoxia católica, vigiar os cristãos novos judaizantes e combater os mulçumanos. A Igreja servia de aparato ideológico para manter a unidade do reino e beneficiava-se do poder monárquico para expandir as suas fronteiras e combater os seus

---

7 PACHO, 1990, p. 201.

8 Entre as tipografias de maior relevância na Espanha nessa época, podemos citar a de Alcalá de Henares, fundada pelo Cardeal Cisneros; a de Montserat, fundada por seu primo García de Cisneros, e a de Salamanca e de Sevilla.

inimigos. Muito cedo o Tribunal da Inquisição tornou-se arbitrário e manipulável pelo lucro. Não era difícil encontrar pessoas denunciadas ao Santo Ofício, tendo por motivação mais questões econômicas do que religiosas.

As consequências da Inquisição na vida das pessoas eram notáveis, sobretudo, por semear medo e desconfiança, alimentar rivalidades, agir de forma arbitrária, manipular consciências e tolher a liberdade religiosa. Teresa de Ahumada vivenciará esse drama em sua própria pele, primeiro no ambiente familiar, quando seu pai e tios pleiteiam um título de nobreza, depois como mulher chamada à vida espiritual, encontrando-se privada de livros espirituais e, mais drasticamente, vendo o seu livro preso pela Inquisição, além de ser denunciada por sua condição de mística e fundadora.

O fantasma da Inquisição ronda o seu lar quando o seu pai e tios buscam obter o título de fidalgos, começando um pleito em 1519 que se estende até 1523. O objetivo era "primeiramente, obter uma executória de fidalguia que cancele ou encubra a presumida mancha de origem judeu-conversa dos quatro e mostre a pureza do sangue; em segundo lugar, um motivo mais vulgar: eximir-se de peitas e tributos ao serem declarados fidalgos".[9] O pleito volta-se contra os requerentes, já que o fiscal do Imperador Carlos V

---

9 ÁLVAREZ, 2011, p. 42.

denunciou a origem judaizante dos envolvidos por parte do pai deles, Don Juan Sánchez de Toledo, avô de Teresa.[10]

Embora seja muito provável que Teresa tenha conhecido o episódio do pleito, no entanto, jamais fez alusão a ele em seus escritos, nem mesmo no Livro da Vida, onde revela peculiaridades da sua infância. Houve um completo silêncio sobre essa dor familiar que deve ter gerado muitos desassossegos naqueles tempos. O que hoje sabemos sobre a origem judeu-convertida dos Sánchez de Cepeda se deve a documentos encontrados na década de quarenta do século passado,[11] os quais esclarecem bem os fatos.

Teresa teceu nas suas obras uma crítica a essa estrutura social que cultuava a "honra" e a "pureza do sangue". Ela é filha daquela época, conforme observa Tomás Álvarez, "sua biografia está submetida ao impacto desse código da honra. Como pensadora e como escritora, reagirá contra sua tirania social. Como mestra espiritual, lhe negará valor humano e proporá a suas leitoras o ideal de espírito contra o mito e a falsa moeda da honra".[12]

Porém, foi na sua história pessoal que o drama da Inquisição se tornou mais emblemático. Há três situações em que ela se vê envolvida direta ou indiretamente com a Inquisição. A primeira refere-se à

---

10 Cf. id., 1996, p. 142-168.

11 Sobre esse assunto, consultar: EGIDO, 1986.

12 ÁLVAREZ, 2009c, p. 393-394.

privação de livros espirituais, com a publicação, em 1559, do Índex pelo inquisidor-geral Fernando de Valdés. Teresa recordará esse fato com grande lástima: "Senti muito quando se proibiu a leitura de muitos livros em castelhano, porque alguns muito me deleitavam, e eu não poderia mais fazê-lo, pois os permitidos estavam em latim" (V 26,5). Como leitora de livros espirituais, sente-se privada de obras literárias que lhe ajudavam no caminho da oração. Nesse momento dolorido, Jesus vem em seu socorro e se oferece como livro vivo: "Não sofras, que te darei livro vivo" (V 26,5).

A segunda situação na qual Teresa se vê envolvida com a Inquisição é quando irrompe as graças místicas no seu itinerário oracional. Os primeiros censores, pessoas amigas de Teresa, advertem para o perigo de ser denunciada para a Inquisição e lhe recordam casos recentes de pseudovisionárias que foram condenadas. No entanto, ela responde com graça e retidão de consciência. Vejamos o fato narrado pela própria protagonista:

> Nesse ponto, o demônio também começou a espalhar, de boca em boca, que eu tinha tido alguma visão sobre o caso; por isso, as pessoas me procuravam, com muito medo, para me dizer que vivíamos tempos ruins e que poderiam levantar contra mim falsos testemunhos, denunciando-me aos inquisidores. Achei muita graça e ri, porque nunca tive temor disso, pois bem sabia que, em matéria de fé, eu antes morreria mil vezes do que me opor a qualquer coisa da Igreja ou a qualquer verdade da Sagrada Escritura. Eu lhes disse que não temessem quanto a isso, pois em estado bem ruim estaria a minha alma se houvesse nela algo que

> me levasse a recear a Inquisição; se achasse que havia, eu mesma iria procurá-la. Eu disse ainda que, em caso de falsos testemunhos, o Senhor me livraria de tudo e ainda me propiciaria algum benefício (V 33,5).

Os temores daqueles primeiros censores se concretizaram posteriormente em mais de uma ocasião. A primeira foi em Córdoba, onde Teresa é denunciada por sua proximidade com Bernardino Carleval, que estava sendo investigado pela Inquisição como suposto alumbrado. Nada foi encontrado que comprometesse Madre Teresa nesse caso.

A segunda vez foi durante a nova fundação de Descalças em Sevilha. Maria del Coro, viúva e já idosa, ingressa na nova fundação, mas poucos meses depois deixa o mosteiro por não estar em perfeito juízo; enfadada com a situação, denuncia o mosteiro para a Inquisição. Madre Teresa precisou comparecer em diversos interrogatórios para esclarecer os fatos; também aqui saiu ilesa dos tribunais inquisitoriais.

Outro incidente semelhante a esse ocorreu na mesma fundação de Sevilha, passados dois anos. Embora, nesse último caso, quem mais sofreu com as denúncias tenha sido Madre Maria de São José, que chegou a ser deposta do cargo pela Inquisição. Mas, após apurado os fatos, não foram encontrados elementos convincentes e ela foi reintegrada ao cargo. Esses fatos permitem-nos perceber que, com facilidade, o Tribunal da Inquisição era utilizado para interesses escusos. Muitas desavenças e pendengas pessoais eram levadas à Inquisição sob a acusação de heresia e abandono da fé.

A terceira situação na qual Madre Teresa precisa afrontar a Inquisição refere-se a sua condição de escritora. Embora se veja nos seus escritos o propósito "em tudo me submeto à opinião da Santa Igreja Romana" (Pról F 6), num ambiente de constantes suspeitas, isso não era algo tão simples. Ela teve o Livro da Vida denunciado para a Inquisição, no ano 1575, pela princesa de Éboli.

No seu devido momento, estudaremos o caso com as suas particularidades, aqui apenas queremos demonstrar que a Inquisição foi uma sombra que atingiu também o seu magistério. Embora o livro Caminho de Perfeição não tenha sido denunciado à Inquisição, passou por uma severa censura por parte de um teólogo amigo. García de Toledo depara-se com uma passagem na qual Madre Teresa reivindica o direito das mulheres de servir na Igreja sem ser objeto de constantes suspeitas dos "juízes desse mundo", clara alusão aos inquisidores.[13]

Conforme observa Tomás Álvarez, "na Igreja, como na sociedade espanhola daquele século, uma das instituições mais condicionadoras e perniciosas foi a Inquisição. Também na vida de Teresa". Mas, "temos a certeza de que ela não sucumbe ao ambiente de medo anti-inquisitorial que se espalha pela Castela". Além

13 Voltaremos a esse assunto no segundo capítulo. Para uma análise completa dessa passagem, ver: ÁLVAREZ, 1996a, p. 491-504.

disso, "em definitivo, nem a pessoa de Teresa nem o sequestrado autógrafo da Vida sofreram vexames ou maus-tratos por parte da Inquisição".[14]

A conquista do Novo Mundo

A Cristandade, mais do que simplesmente manter o seu domínio e poder, desejava expandir as suas fronteiras por meio de expedições marítimas que culminariam com a conquista do Novo Mundo. Em 1492, os reis católicos autorizaram as navegações de Cristóvão Colombo para as Índias e, em 1494, se estabeleceu o Tratado de Tordesilhas, dividindo o novo continente entre a coroa da Espanha e de Portugal.

Hoje sabemos as consequências nefastas que esse encontro causou para os povos autóctones.[15] Porém,

---

14 Id., 2011, p. 26-27.

15 O sermão profético de Antonio de Montesinos expressa bem o drama dos povos autóctones no contato com a fé cristã: "Esta voz, disse ele, é que todos estais em pecado mortal e nele viveis e morreis por causa da crueldade e tirania que usais com estas gentes inocentes. Dizei, com que direito e com que justiça, tendes em tão cruel e horrível servidão estes índios? Com que autoridade tendes feito tão detestáveis guerras a estas gentes que estavam em suas terras mansas e pacíficas, onde tão infinitas delas, com mortes e estragos nunca ouvidos, tendes consumido? Como os tendes tão oprimidos e fatigados, sem lhes dar de comer nem curá-los em suas enfermidades em que incorrem pelos excessivos trabalhos que lhes dais e morrem, dizendo melhor, os matais, para tirar e adquirir ouro cada dia? E que cuidado tendes de que alguém os doutrine, conheçam seu Deus e criador, sejam batizados, ouçam missa, guardem as festas e domingos?". "Eles não são homens? Não têm almas racionais? Não sois obrigados a

na Cristandade do século XV, com facilidade os interesses políticos e econômicos se mesclavam com interesses religiosos. A população via com bons olhos a expansão da fé católica, sem ter clareza da ambição e da atrocidade cometida pelos colonizadores.

A família de Teresa não ficou indiferente a esse cenário de aventuras e conquistas. Teresa viu os seus sete irmãos migrarem para o Novo Mundo com afã de fortuna e aventuras. É provável que tenha compartilhado do ideal aventureiro de seus irmãos, ainda mais que, para aquela sociedade, tudo estava revestido de status religioso. Eles também não ficaram indiferentes às aventuras fundacionais de sua irmã, e Lorenzo foi um dos principais financiadores da fundação do Mosteiro São José. As cartas teresianas que chegaram até nós demonstram a sua constante preocupação com o bem físico e espiritual de seus irmãos.[16]

Um marco diferente na compreensão da conquista do Novo Mundo pela coroa espanhola acontecerá quando Teresa se encontra com o missionário franciscano Alonso Maldonado,[17] que, provindo das Índias

---

amá-los como a vós mesmos? Não entendeis isto? Não percebeis isto? Como estais dormindo sono tão profundo e tão letárgico? Tendes certeza que no estado em que estais não vos podeis salvar mais do que os mouros ou turcos que não têm e não querem a fé de Jesus Cristo" (LAS CASAS, 28 set. 2022, p. 1).

16 Miranda procura resgatar, ainda que de forma breve, a vida de cada um dos irmãos de Teresa, destacando os seus feitos pela América (MIRANDA, 2009, p. 58-63).

17 Para consulta sobre a vida e o perfil desse missionário, indicamos: EGIDO, 2006, p. 1.004-1.005.

e partidário das teses de Bartolomeu de Las Casas, toma conhecimento dos abusos cometidos pelos conquistadores. A eloquência do missionário franciscano produziu uma profunda comoção na alma de Madre Teresa, lançando o gérmen de um ardoroso horizonte missionário. Ela mesma nos narra o acontecido.

> Quatro anos, e talvez um pouco mais, se tinham passado, quando permitiu o Senhor que me viesse visitar um padre franciscano, chamado Frei Alonso Maldonado, grande servo de Deus. Tinha ele os mesmos desejos do bem das almas que me animavam; mas os podia executar com obras, o que me causou grande inveja. Voltara havia pouco das Índias. Pôs a falar-me dos muitos milhões de almas que ali se perdiam por falta de quem as doutrinassem; fez-nos um sermão, convidando-nos e animando-nos à penitência, e retirou-se finalmente. Fiquei tão traspassada de dor com a perda de tantas almas, que não cabia em mim (F 1,7).

Ela comunicará para a sua família esse ideal missionário e acompanhará com júbilo as primeiras expedições missionárias do Carmelo Descalço.[18]

A Reforma Protestante

O século XVI foi cenário da Reforma Protestante e da Contrarreforma Católica. Daniel Maroto distingue dois períodos do movimento protestante espanhol no século XVI. O primeiro período ocorreu entre os

[18] Para um estudo sobre a dimensão missionária em Santa Teresa, ver: ÁLVAREZ, 1996a, p. 189-209.

anos 1519 e 1535 e foi caracterizado pela confusão inicial com outras correntes espirituais, difusão em alguns seguimentos da sociedade, condenações e perseguição da Inquisição.

O segundo período ocorreu entre 1556 e 1562, representado por uma efervescência luterana, em que grupos começam a se organizar na clandestinidade, mas logo são descobertos. A consequência será uma nova repressão e os Autos de Fé. Maroto ressalta que, nas duas ocasiões, as tentativas de penetração foram abafadas em meio a condenações e sangue.[19]

Quando o protestantismo tentou penetrar na Península Ibérica, já borbulhavam diversos movimentos espirituais de cunho contestatório ao sistema da Cristandade. Entre eles, podemos destacar os judaizantes, os alumbrados e os erasmistas. A Inquisição procurará frear todos, mas não clarificará o panorama intelectual de cada um desses movimentos. Não era fácil para o povo fazer a distinção entre um e outro; muitas vezes, chamavam-nos genericamente de "luteranos", em outras, utilizavam o termo "herege" para denominar a todos.

Conforme observa Alberto Pacho, "a cronologia de Santa Teresa – 67 anos, de 1515 a 1582 – coincide com os momentos mais importantes de Lutero, de seu movimento e dos demais reformadores".[20] Contudo, Teresa não tem um conhecimento apurado sobre os

---

19 Cf. MAROTO, 1981, p. 119-151.

20 PACHO, 2009, p. 565.

fatos. Reproduz o que escutou e sente-se profundamente comovida por essa divisão no interior da Igreja. Podemos dizer que o conhecimento desses fatos, mesclado com as suas graças místicas, a impulsiona a uma vivência eclesial.

Um fato singular é a visão do inferno, sendo tal graça considerada pela autora uma das maiores mercês que o Senhor lhe concedeu. Afirmou Teresa: "O Senhor desejava que eu visse com os meus próprios olhos aquilo de que a sua misericórdia me livrara" (V 32,3). Por isso, ela bendisse a Deus e, reconhecendo as inúmeras vezes em que ele foi ao seu encontro, escreveu: "Bendito sejais, Deus meu, para sempre! E como me tem parecido que me amáveis muito mais do que eu a mim mesma! Quantas vezes, Senhor, me livrastes de cárcere tão tenebroso e quantas eu, contra a vossa vontade, voltava para ele!" (V 32,5).

A visão do inferno não só produziu em Teresa um reconhecimento da misericórdia divina, mas a impeliu a preocupar-se com a salvação dos outros. A vivência dessa mercê transbordou e Teresa ampliou o seu horizonte missionário:

> Isso também criou em mim uma grande compaixão pelas muitas almas que se condenam (em especial dos luteranos, que já eram, pelo batismo, membros da Igreja) e intensos ímpetos de salvar almas, pois tenho a impressão de que, para livrar uma só delas de aflições tão graves, eu voluntariamente enfrentaria muitas mortes (V 32,6).

Posteriormente, ao redigir o livro Caminho de Perfeição, abordará o impacto desses fatos sempre vividos a partir da sua repercussão espiritual.[21] A nova família do Carmelo é uma resposta a esse momento doloroso da Igreja. Teresa, sabedora dos condicionantes sociais, reivindicou o direito de colaborar com a Igreja elegendo como ponto de partida a sua própria vida.[22]

A efervescência de movimentos espirituais

O contexto histórico do século XVI espanhol é marcado pela efervescência de diversos movimentos espirituais. O nosso objetivo não é fazer um resgate histórico sobre a origem desses movimentos, mas apontar as suas principais características naquilo que podemos supor que tenha influenciado o pensamento teresiano. Teresa de Jesus é um expoente dessa efervescência mística do século de ouro, mas não pertenceu a

---

21 "Nessa época, chegaram a mim notícias sobre os danos e estragos causados na França pelos luteranos e sobre o grande crescimento que essa seita experimentava. Isso me deixou muito pesarosa, e eu, como se pudesse fazer alguma coisa ou tivesse alguma importância, chorava com o Senhor e lhe suplicava que corrigisse tanto mal. Eu tinha a impressão de que daria mil vidas para salvar uma só alma das muitas que ali se perdiam. E, vendo-me mulher, imperfeita e impossibilitada de trabalhar como gostaria para servir ao Senhor, fui tomada pela ânsia, que ainda está comigo, tendo Deus tantos inimigos e tão poucos amigos, de que estes fossem bons. Decidi-me então fazer o pouco que posso: seguir os conselhos evangélicos com toda a perfeição e ver que essas poucas irmãs que aqui estão fizessem o mesmo" (C 1,2).

22 Para uma aproximação entre o pensamento de Teresa e Lutero, ver: MOLTMANN, p. 459-478, jul.-dez. 1983.

nenhum dos movimentos que estudaremos, embora possamos dizer que seja devedora deles em alguns aspectos que assinalaremos.[23]

Devotio moderna

A *Devotio moderna* é uma corrente espiritual que surgiu nos Países Baixos, na segunda metade do século XIV, e que se estendeu até o século XV, influenciando significativamente as escolas de espiritualidade que lhe sucederam. Gerardo Groote (1340-1384) e seu discípulo Florencio Redewijns (1350-1400) foram os iniciadores desse movimento, que deu origem aos Irmãos e às Irmãs de Vida Comum e à Congregação Agostiniana dos Cônegos Regulares de Windesheim. O movimento surgiu como uma clara oposição aos místicos renanos, devido ao seu caráter intelectual e especulativo.

A obra mais representativa desse movimento é a *Imitação de Cristo*, atribuída a Thomas de Kempis, que se propôs a dar avisos espirituais com a finalidade de desapegar-se da vaidade do mundo. Tal obra conheceu uma grande difusão, "sendo, depois da Bíblia, o texto de maior difusão de toda a literatura cristã".[24] Muitos espirituais da época beberam dessa fonte e recomendaram a leitura de tal obra.

---

23 Para um estudo da espiritualidade espanhola desse período: PACHO, 2008.

24 CANONICA, p. 336-349, jan. 2015.

Embora Teresa não faça referência à leitura dessa obra, podemos supor isso, pois se encontra entre os livros que ela recomenda ter nas bibliotecas dos mosteiros fundados por ela, conforme vemos: "A priora cuide de que haja bons livros, especialmente os Cartuxos, *Flos Sanctorum*, *Contemptus mundi*, Oratório dos religiosos, os de frei Luis de Granada e do Padre frei Pedro de Alcântara, porque esse alimento é tão necessário para a alma quanto a comida para o corpo" (Cst 8). *Contemptus mundi* é a obra de Thomas de Kempis, conhecida como *Imitação de Cristo.*

Algumas temáticas abordadas nessa obra são comuns ao magistério teresiano, como: imitar a vida e os costumes de Cristo, conformar a sua vida com a vida dele, desprezo das vaidades do mundo, interioridade como lugar de encontro com Cristo, devoção eucarística, entre outros.[25] No entanto, a doutrina teresiana se distancia dessa obra ao apontar o caminho da virtude, da suavidade e do humanismo.

Outra obra que pertence a essa corrente de espiritualidade e que foi lida por Teresa é a *Vita Christi*, de Ludulfo de Sajonia, monge cartuxo, que por isso aparece na obra teresiana apenas como *Cartujano*. A obra não trata da vida de Cristo como entendemos nos dias de hoje, realizando uma crítica histórica. O objetivo da obra era despertar o afeto do leitor para identificar-se com Cristo e imitar a sua vida.

[25] Uma breve e sensata análise sobre esse tema se pode encontrar em: MAROTO, 2009, p. 121-126.

São comuns aos diversos autores da *Devotio moderna* temas como: a conversão do coração, a prática das virtudes cristãs, a imitação de Cristo, o despojamento material, a vaidade do mundo e o desprezo da atividade intelectual.

Para quem busca caracterizar essa corrente de espiritualidade, o artigo de Ricardo Villoslada é uma referência. Ao descrever a fisionomia da *Devotio moderna*, propõe dez traços, a saber: cristocentrismo prático, oração metódica, moralismo, tendência antiespeculativa, caráter afetivo, biblicismo, interioridade e subjetividade, fuga do mundo, ascetismo, bibliofilia no humanismo.[26]

Pretendemos aqui apenas nos deter naqueles traços em que o paralelo com o pensamento teresiano é mais evidente. Teresa herda da *Devotio moderna* a centralidade da humanidade de Jesus Cristo. Esse é um caminho seguro pelo qual se pode percorrer nos diversos momentos da vida espiritual. Ela reproduz um conselho muito comum que existia: meditar na vida de Cristo, sobretudo nos passos da sua paixão. Podemos supor que essa meditação fomente a consciência de ser um pecador agraciado por Deus. A contemplação da vida de Cristo será a base bíblica para fundamentar a misericórdia divina, que supera o pecado humano.

Outro ponto de interseção entre essa corrente de espiritualidade e Teresa de Jesus é a metodificação da oração. Conforme ressalta Villoslada, "alguma

---

26 VILLOSLADA, p. 315-350, jul. 1956.

metodização é necessária na vida espiritual. Todos os reformadores das ordens religiosas do século XV estavam intimamente persuadidos disso e prescreviam a oração mental para favorecer cada vez mais a vida interior".[27] Teresa recomenda à sua família nascente a oração mental, feita com perseverança e determinação. Mas difere, consideravelmente, na hora de sistematizar os passos. Teresa não propõe passos a serem seguidos, antes, seguindo a tradição do Carmelo, recomenda viver na presença de Deus e velar em oração.

O caráter afetivo da oração, ressaltado pela *Devotio moderna*, é outro ponto convergente com a doutrina teresiana a respeito da oração. Elucidativo a esse respeito é o texto das Fundações. Teresa propõe-se a explicar a "essência da oração perfeita", começa criticando quem coloca toda ênfase no pensamento e, posteriormente, apresenta a sua tese, "o benefício da alma não está em muito pensar, e sim em muito amar" (F 5,2). Retoma a mesma ideia no livro Castelo Interior: "Para aproveitar muito neste caminho e subir às moradas que desejamos, não está a coisa em pensar muito, senão em amar muito" (4M1,7).

No que se refere ao campo da oração, constata: "O verdadeiro amante em toda a parte ama e sempre se lembra do Amado! Triste coisa seria se somente pelos cantos se pudesse fazer oração" (F 5,16). Teresa está convencida de que a oração se encontra no âmbito do relacionamento, por isso, é essencial a dimensão afetiva.

---

[27] Ibid., p. 321.

No pensamento teresiano, o afeto impulsiona as obras, por isso define o orante como "servo do amor".[28]

Conforme observa Villoslada, "não há traço que caracterize tão perfeitamente os seguidores da devoção moderna como a interioridade, a conversão da alma às coisas interiores e espirituais".[29] Esse ponto, tão essencial nessa corrente de espiritualidade, ocupa uma centralidade no pensamento teresiano. Talvez, a diferença seja que, para Teresa, essa interioridade é habitada por Deus. Esse é o centro profundo da alma, a partir do qual o orante vive e se relaciona com as demais pessoas.

Teresa diverge da *Devotio moderna* quando esta, ao ressaltar a interioridade, se propõe a fugir do mundo e das atividades externas. Para ela, "quanto mais santas, tanto mais afáveis nas conversas com as irmãs" (C 41,7). Ao mesmo tempo, a sua vivência mística abre-lhe para um grande horizonte eclesial e missionário.[30] A interioridade teresiana é o espaço de capacitação para amar e servir, a exemplo de Cristo.

O recolhimento

Melquiades Andrés Martín, ao estudar a história da espiritualidade espanhola do século de ouro,

---

28 "Falando agora dos que começam a ser servos do amor (que não me parece outra coisa além de nos decidirmos a seguir por esse caminho de oração aquele que tanto nos amou)" (V 11,1).

29 VILLOSLADA, p. 338, jul. 1956.

30 Um estudo sobre o tema pode ser encontrado em: MENDIETA, 2009, p. 485-491.

distingue uma corrente de espiritualidade até então pouco estudada pelos pesquisadores anteriores.[31] De fato, falar de recolhimento ou quietude como uma corrente de espiritualidade não é consenso entre os autores. Os autores dividem-se entre aqueles que defendem que o recolhimento é apenas um aspecto particular da vida espiritual e aqueles que defendem o recolhimento como um sistema orgânico que pode ser classificado como uma verdadeira corrente espiritual.

Não é fácil estabelecer fronteiras nesse campo da espiritualidade. Porém, o certo é que vários mestres franciscanos empurraram a espiritualidade espanhola para novos patamares da mística. Nesse ambiente de efervescência espiritual, com facilidade acontece uma certa simbiose entre as diversas correntes de espiritualidade, causando dificuldade na hora de estabelecer o que é específico e original de cada uma. Outro problema referente ao recolhimento é que o termo não é exato, podendo ser empregado com vários sentidos, o que endossa a confusão na hora de distinguir esse movimento.

Eulogio Pacho distingue pelo menos quatro significados para o emprego do termo "recolhimento" nos autores espirituais do século de ouro.[32] O primeiro, e talvez o mais comum e genérico, é tratar de recolhimento como o oposto ao exterior. Nesse caso, indica retiro, solidão e isolamento, inclusive físico,

---

31 A esse respeito, ver a obra de: ANDRÉS MARTIN, 1975.

32 PACHO, 2008, p. 400-401.

na clausura, cela ou mosteiro. Opõe-se ao vagar ou andar por aí, que é tido como expressão de distração e perigo espiritual.

O segundo sentido, já de caráter mais restrito, equivale a uma forma de vida marcada por recolhimento e estreita observância. Muitos movimentos de reforma acrescentaram o termo "recoletos" para indicar esse afã de recolhimento presente nas ordens antigas que passaram por reformas.

O terceiro sentido no qual o termo "recolhimento" é empregado se refere à concentração interior da mente no ato de orar. Assim, recolhimento é a prática oracional que visa a concentrar-se no mundo interior. Também pode indicar a atitude interior de devoção ou fervor com que se participa da celebração dos sacramentos ou de outras orações, de modo especial da missa.

O quarto emprego do termo aplica-se a uma espécie de contemplação que absorve totalmente as capacidades e potências da pessoa em uma experiência transcendente. Nesse caso, cessa a atividade discursiva, própria da meditação, e emerge a contemplação. Comumente se distingue entre recolhimento ativo e passivo, sendo esse último dom gratuito e infuso de Deus.

Entre os autores mais notáveis desse grupo, destacamos Francisco de Osuna, Bernardino de Laredo, Barnabé de Palma e Francisco Ortiz. Os dois primeiros tiveram influência direta na formação espiritual da Madre Teresa. O *Terceiro abecedário*, de Francisco, chegou às mãos dela num momento crucial em que buscava compreender o que se passava em seu interior. Talvez por isso tenha influenciado tanto a mística carmelita na hora de expressar as suas vivências. De grande relevância foi também a obra *Subida do Monte Sião*, de Bernardino de Laredo, embora com valor secundário, se comparada à primeira.

Teresa absorveu a doutrina sobre o recolhimento desses autores, sendo para ela fundamental no início do seu itinerário espiritual. No entanto, divergiu em um aspecto que era central em sua doutrina. Barnabé de Palma, na sua obra *Via Spiritus*, ensinava que era necessário, na meditação, desfazer-se de toda representação corpórea. Teresa de Jesus opõe-se a esse postulado, pois defende que, em todo o itinerário místico, deve-se acompanhar a humanidade de Jesus Cristo.

No capítulo 22 do Livro da Vida, ela dá a conhecer a discussão e, após apresentar as teses contrárias, refuta cada uma baseada na sua própria experiência. Está convicta de que, "Deus deseja, para o agradarmos e para que nos conceda grandes favores, que os recebamos por meio dessa humanidade sacratíssima, em que sua Majestade se deleita". E recomenda: "Tenho certeza de que temos de entrar por essa porta se quisermos que a soberana Majestade nos revele grandes segredos" (V 22,6).

Teresa herda desse grupo o conceito a respeito do recolhimento. Embora, para os franciscanos, recolhimento seja o método de oração que tem por desígnio interiorizar-se e concentrar-se para adentrar no mistério divino. Ela o define: "Chama-se recolhimento, porque a alma recolhe todas as faculdades e entra em si mesma com seu Deus; seu divino Mestre vem ensiná-la com mais brevidade e lhe dá a oração de quietude, de uma maneira que nenhum outro modo de oração propicia" (C 28,4). No livro Castelo Interior, também abordará esse tema, ressaltando o protagonismo divino no recolhimento infuso (4M 3,3).

Os alumbrados

O termo "alumbrado" não é de fácil definição, isso faz notar Eulogio Pacho, que qualifica o termo como "confuso, equívoco e, por isso mesmo, em parte inexato".[33] Essa corrente de espiritualidade, que surgiu na Espanha do século XVI, é fruto da efervescência religiosa e reformista que caracterizou aquela sociedade. O termo "alumbrados" foi utilizado para denominar tendências espirituais variadas e, às vezes, diferentes entre si, mas que traziam o anseio comum de contestação e renovação eclesial. Alumbrado passou a designar, naquela sociedade, todo aquele que incorria em erro ou perigo de desvio espiritual.

Eulogio Pacho propõe três significados para o emprego do termo "alumbrado" que ajudam a esclarecer a confusão terminológica.[34] Alumbrado pode significar, de forma genérica, uma corrente espiritual que

[33] Id., 1983, p. 90.
[34] Ibid., p. 91.

engloba um conjunto de manifestações espirituais, originadas no século XVI espanhol, a qual promove a piedade individual, fomenta a oração mental, busca a renovação religiosa e tem suas raízes no humanismo e na *Devotio moderna*.

O termo também pode significar uma distorção do misticismo cristão. Assim, é empregado de forma pejorativa para qualificar as correntes espirituais que fogem da ortodoxia católica. Desse modo, a expressão "alumbrados", em muitos casos, é utilizada como sinônimo de falsos místicos visionários que supervalorizam os fenômenos sobrenaturais, desprezam a realidade terrena, além do que, a sua conduta é acompanhada de aberrações morais.

Em terceiro, a expressão é empregada para restringir a uma específica manifestação dentro do fenômeno geral. Nesse sentido, designa uma das manifestações do quietismo ou iluminismo místico. Assim, o movimento, em geral, é fruto do ambiente de efervescência espiritual motivado pelo espírito reformista que existia na Península Ibérica, sendo as alterações e desvios doutrinais algo pequeno e ocasional.

O elemento mais característico desse movimento é a sua busca pela interiorização pessoal. Conforme constata Novalin, "o *alumbradismo* pretendia emergir das próprias fontes da vida cristã, nas quais acreditava ter descoberto a chave da verdadeira religiosidade, que não consiste em manifestações e posturas externas, mas na docilidade interior à graça e ao movimento do

Espírito".[35] Tal enfoque na interioridade e na manifestação do Espírito Santo na alma do fiel levava a um certo menosprezo do culto e das cerimônias oficiais e, consequentemente, da instituição eclesiástica.

Não é possível falar dos alumbrados como um movimento coeso, com uma mesma origem e interligado entre si. O primeiro grupo forma-se em Castilla e, em anos posteriores, encontramos outros grupos em Extremadura e Andaluzia, sendo difícil estabelecer a ligação entre um e outro. Alguns traços comuns que podemos encontrar nas pessoas que formam esses grupos: afã de perfeição, vida austera acompanhada de manifestações extraordinárias (êxtases, visões, profecias), desejo de reforma e renovação eclesial. Esses grupos são orientados a uma piedade interior, promotores da oração contemplativa e afetiva e de quietismo. Em alguns casos, essas características são acompanhadas por uma vida moralmente corrompida.

No entanto, o interesse da Inquisição por esse movimento teria sido despertado por sua proximidade com os partidários de Erasmo e os simpatizantes de Lutero. Ainda que os postulados teóricos fossem bem distantes, todos comungavam do descontentamento com a instituição eclesiástica e do desejo de renovação eclesial. Um marco na repressão desse movimento foi o edito dos alumbrados, em 23 de setembro de 1523, promulgado em Toledo, mas que se divulgou em todas

35 NOVALÍN, 1982, p. 147.

as igrejas do reino. Esse edito desencadeou uma série de perseguições. Em 1529, o auto de fé em Toledo culminava em perseguições nesses últimos anos.[36]

Embora seja difícil precisar a influência dos alumbrados em Teresa de Jesus, visto que sobre esse termo se aglutinam diversos grupos cujas fronteiras doutrinais não estão bem estabelecidas, pode-se afirmar que essa efervescência espiritual repercute no seu ambiente. Já mencionamos que a Inquisição proporciona um clima de suspeita e de medo. Teresa é avisada por seus confessores e orientadores de que os "tempos são difíceis" e que poderiam denunciá-la aos inquisidores (V 33,5). Havia muitos fatos que ajudavam a reforçar essa preocupação: a prisão do arcebispo de Toledo, Bartolomé de Carranza, pelo Santo Ofício; a celebração dos autos públicos de fé de Valladolid e de Sevilha; a publicação do Índex pelo inquisidor-geral Fernando de Valdés e a repressão de focos de alumbrados em Castilla e Extremadura.

Ainda que Teresa afirme não temer a Inquisição, não faltou quem desconfiasse da autenticidade de suas graças místicas e a classificasse como uma monja visionária. Eram conhecidos os casos de Madalena da Cruz, Maria de Santo Domingo e a estigmatizada de Lisboa, todas condenadas como falsárias. A sua condição de mulher e mística endossava a suspeita de pertencer à corrente dos alumbrados. Como vimos, mesmo tendo as suas obras denunciadas à Inquisição,

---

36 Ibid., p. 156.

os censores não encontraram nelas nada que fosse contra a fé católica.

Os alumbrados se encontram no cerne da divisão entre teólogos e espirituais.[37] Teresa chama a esses dois grupos de letrados e experimentados ou espirituais. Conforme explica Álvarez, de um lado temos os "teólogos que desprezam o quietismo dos espirituais, que desconfiam da oração e da vida mística, que denunciam os protagonistas do espiritualismo e seus escritos à Inquisição".[38] Entre os espirituais, detectamos grandes reformadores da vida religiosa, como Inácio de Loyola, Juan de Ávila, Pedro de Alcântara e Teresa de Jesus, mas também movimentos que promovem a oração, como a *Devotio moderna*, os alumbrados e o recolhimento.

Na outra ponta, encontram-se os espirituais, "que desprezam os teólogos, como a profissionais da letra vazia de espírito, que desconfiam de sua competência nos terrenos do espírito, que os declaram incapazes de guiar as almas pelos caminhos da oração".[39] Esses últimos eram representados por grandes teólogos; muitos deles faziam parte da Escola de Salamanca e eram censores do Tribunal da Inquisição.

---

37 O conflito permanece aberto, embora ganhe outros matizes ao longo dos séculos. A dificuldade consiste em integrar a experiência religiosa com a formulação doutrinal e teológica. O presente estudo visa colaborar na superação desse conflito. Trataremos desse assunto no terceiro capítulo.

38 ÁLVAREZ, 1996, p. 417.

39 Ibid., p. 417.

Nesse ambiente de divisão entre teólogos e espirituais, Teresa assume um posicionamento muito peculiar. De uma parte, ela está convencida de sua ignorância teológica, portanto, de não letrada; de outra, reconhece a sua grande experiência mística, ou seja, pertence aos experimentados. No entanto, manifesta uma predileção pelos letrados, pois sabe que eles podem dar luz para as suas vivências.

Teresa não tem medo de confrontar a sua experiência interior com os grandes teólogos de sua época. Procura ler suas experiências místicas à luz da teologia da época. Essa proximidade com os teólogos tem algo de apostolado, pois desejava que também eles tivessem essa experiência. Ela afirma: "Isso me faz desejar ansiosamente que muitos deles (letrados) sejam espirituais" (V 12,4).

Leituras e mestres teresianos

Teresa de Jesus sempre se considerou aficionada pela leitura. Esse apreço, que vem desde a infância, se tornou um precioso aliado para compreender as suas experiências oracionais. É devedora de vários mestres e de diversas obras. Ela mesma reconhece e recomenda às suas filhas espirituais essa estima pela leitura. Os livros que passam pelas mãos de Teresa são muitos, desde romances medievais até biografias de santos. Entre eles, destacamos as Escrituras Sagradas, os Santos Padres e outros espirituais de sua época. O estudo dessas obras visa identificar possíveis fontes do conceito sobre a misericórdia.

As Sagradas Escrituras

Ao contextualizarmos as leituras teresianas, a fim de identificar como ela chegou ao conceito de misericórdia presente no Livro da Vida, deparamo-nos com as Sagradas Escrituras. Estas foram a fonte mais abundante da vida e da doutrina da Madre Teresa. As Escrituras serviram de fonte de inspiração para sua vida, de suporte para a sua experiência mística e de fundamento para a redação de suas obras, embora fosse muito comum, na sua época, certa ignorância bíblica. A Bíblia, tal como temos hoje, Teresa jamais teve em suas mãos. Todo o conhecimento que ela possui a respeito disso se refere a fragmentos ou citações indiretas.

Enquanto a Reforma Protestante defendia as Escrituras em vernáculo e que fosse acessível ao povo, a Contrarreforma católica limitava ainda mais o acesso à Bíblia. Assim, freou-se o movimento que havia sido iniciado na Universidade de Alcalá de Henares, onde se publicou a Bíblia poliglota, por iniciativa do Cardeal Cisneros. O Índex, publicado pelo inquisidor-geral, também proibia diversos livros que eram baseados em comentários bíblicos. Desse modo, o único jeito de conhecer e se aprofundar nas Escrituras Sagradas era indiretamente, ou seja, pela liturgia, sermões e conversa com teólogos.

Apesar desse cenário desfavorável, podemos afirmar que Teresa conhecia suficientemente bem as Sagradas Escrituras pelas citações e referências que faz em sua obra escrita. Pablo Maroto aponta vinte e três livros citados do Antigo Testamento e dezoito do Novo Testamento. Do Antigo Testamento, os livros mais citados são: Gênesis, Êxodo, Salmos e Cântico dos Cânticos; e, do Novo Testamento, Mateus, Lucas e João.[40] Alfonso Ruiz apresenta outros números: para ele, o total de livros citados são quarenta e sete, sendo vinte e seis do Antigo Testamento, com duzentas citações, e vinte e um do Novo Testamento, com quatrocentas citações.[41] Desconhecemos o critério estabelecido pelos dois autores para fazer o cálculo, no entanto, em ambos os casos é de se admirar o conhecimento bíblico que Teresa possui, apesar do contexto hostil com respeito a isso.

Para o nosso estudo, é importante constatar a presença bíblica no Livro da Vida. Essa presença pode ser percebida em dois aspectos complementares. O primeiro é o estilo bíblico que a obra possui, por assumir como ponto de partida uma teologia narrativa. A esse respeito, Maroto constata: "Também é evidente que a sua Autobiografia é como uma mini-história de salvação, tendo Deus como o grande protagonista, e Teresa como a mulher salva por sua misericórdia, que tem como paradigma a salvação por Javé de uma

[40] MAROTO, 2009, p. 35.
[41] RUIZ, 2009, p. 108.

coletividade, o povo de Israel".[42] O Livro da Vida assemelha-se não só ao Antigo Testamento, por narrar a ação salvífica de Deus na história, mas também ao Novo Testamento, uma vez que descreve de que maneira Jesus irrompe na vida espiritual de Teresa como salvador.

O segundo aspecto se refere às diversas citações e à influência que elas possuem no conjunto do pensamento teresiano. Alfonso Ruiz identifica cento e dezoito citações bíblicas no Livro da Vida.[43] Em V 14,10, Teresa faz alusão ao Salmo 88,2, que afirma: "Cantarei eternamente as misericórdias do Senhor". Sem sombra de dúvidas, é das Escrituras Sagradas que Teresa aprende o conceito da misericórdia e, também, é em consonância com elas que emprega o termo "misericórdia" em suas obras.

Teresa, além de citar as Escrituras como suporte para a sua doutrina, também se identifica com alguns personagens bíblicos, como é o caso do rei Davi, do apóstolo Paulo e de Maria Madalena. Paulo e Madalena aparecem na lista dos santos convertidos que foram agraciados por Deus.[44] Essa intuição bíblica ajudará a fundamentar o seu conceito a respeito da

42 MAROTO, 2009, p. 36.

43 RUIZ, 2009, p. 108.

44 "E assim acontece de Deus conceder essas graças não por que as pessoas que as recebem sejam mais santas do que as outras, mas para que se conheça a sua grandeza – como vemos em São Paulo e em Madalena – e para que o louvemos em suas criaturas" (1M 1,3).

misericórdia divina. Ela mesma irá ler a sua vida à luz da misericórdia divina e se sentirá irmanada com todos os santos convertidos.

Os Padres da Igreja

Além das Escrituras Sagradas, Teresa busca alimento espiritual nos Padres da Igreja. Concretamente ela se refere a três: Agostinho, Jerônimo e Gregório. Talvez o que tenha produzido mais influência no pensamento teresiano tenha sido o bispo de Hipona. O contato que Teresa de Jesus estabeleceu com a obra agostiniana deu-se em dois momentos cruciais da sua vida. Talvez por isso ela afirme: "Sou muito afeiçoada a Santo Agostinho" (V 9,7).

O primeiro momento se dá durante a adolescência, quando ingressa no Colégio Santa Maria da Graça, de religiosas agostinianas, em Ávila. O segundo momento, muito mais palpável, ocorreu em 1554, quando leu o livro *Confissões*. A leitura dessa obra, juntamente com o encontro com a imagem de Cristo chagado, aponta um novo rumo para a sua vida mística. Teresa sente-se irmanada a Agostinho, pois, como ele, faz a experiência da misericórdia divina, que não para no pecado humano, mas oferece a sua graça para recomeçar.

A leitura do livro *Confissões* aconteceu no tempo em que Teresa experimenta uma profunda fragmentação interna. Ela tem consciência de que é escrava de seus afetos e falta-lhe a liberdade interior para se entregar toda a Deus. Sente-se cansada com essa divisão, quer superá-la, mas não encontra forças em si mesma. Ao tomar consciência da limitação humana e ao se reconciliar com a sua fragilidade, abre espaço para a ação divina na sua vida.

O passo decisivo ocorre à medida que passa da confiança em si mesma para a confiança plena em Deus.[45] O auge dessa luta interior se dá ao encontrar uma imagem de Cristo muito chagado. Santa Teresa vivencia esse acontecimento com profunda comoção, aos moldes da conversão de Agostinho.[46] O livro das *Confissões* concluiu esse ciclo de vivências que marca um passo decisivo na sua vida mística.

Teresa identifica-se de tal maneira com a experiência agostiniana, que a vivencia no mesmo nível, como se aquelas palavras que Agostinho escutara fossem direcionadas a ela. Narra:

> Começando a ler as *Confissões*, tive a impressão de me ver ali. Passei a encomendar-me muito a esse glorioso

45 "Eu procurava soluções, fazia esforços; mas ainda não compreendia que isso de nada serve se, mesmo não confiando por inteiro em mim, eu não pusesse a confiança em Deus" (V 8,12).

46 "Aconteceu-me de, entrando um dia no oratório, ver uma imagem guardada ali para certa festa a ser celebrada no mosteiro. Era um Cristo com grandes chagas que inspirava tamanha devoção que eu, de vê-lo, fiquei perturbada, visto que ela representava bem o que ele passou por nós. Foi tão grande o meu sentimento por ter sido tão mal-agradecida àquelas chagas, que o meu coração quase se partiu; lancei-me a seus pés, derramando muitas lágrimas e suplicando-lhe que me fortalecesse de uma vez para que eu não o ofendesse" (V 9,1).

> Santo. Quando cheguei à sua conversão e li que ele ouvira uma voz no jardim, senti ser o Senhor quem me falava, tamanha foi a dor do meu coração. Passei muito tempo chorando, com grande aflição e sofrimento. Como sofre uma alma, valha-me, Deus, por perder a liberdade de ser senhora de si mesma, e que tormentos padece! (V 9,8).

A experiência de Agostinho permitiu a Teresa ler e interpretar a sua própria. Desse encontro entre os dois grandes místicos, podemos destacar o paralelismo: o coração inquieto, a busca incessante pela verdade, a consciência do pecado, a primazia da graça e o encontro com Deus no interior de si. Esses dados serão a base para o desenvolvimento do seu conceito a respeito da misericórdia divina.

Além de Agostinho, outro Padre da Igreja lido por Teresa foi São Jerônimo. Ela tem acesso às Epístolas de Jerônimo em um momento crucial para a sua vida. Está com 19 a 20 anos e vem refletindo sobre a vocação religiosa. A dificuldade de tomar uma decisão soma-se à oposição do pai, que não deseja perder essa filha que lhe é tão querida. As Epístolas de Jerônimo influenciaram na sua tomada de decisão, como ela mesma nos conta: "Lia as Epístolas de São Jerônimo, que me animaram a tal ponto que decidi dizê-lo a meu pai. Isso quase equivalia a tomar o hábito, porque, sendo tão briosa, de maneira alguma voltaria atrás, tendo-o declarado" (V 3,7).

Além dessa referência explícita a Jerônimo, também se reporta a ele outras vezes. "Do Santo de Belém ela recorda expressamente suas tentações no deserto (V 11,10), seu terror ante o juízo de Deus (6M 9,7), suas visões celestes (V 38,1), sua paciência no modo de suportar as calúnias (Cta 218,6 – 16 de janeiro de 1578)."[47] Provavelmente, Teresa colheu esses dados do livro *Flos Sanctorum*, que foi por ela lido na infância e lhe deixou profundas marcas. Não identificamos nesse autor nenhuma influência sobre o tema da misericórdia.

Entre os Santos Padres da Igreja que Madre Teresa teve contato por meio de leituras, está Gregório Magno, Papa e Doutor da Igreja. Embora as referências a esse autor sejam poucas, a leitura de sua obra aconteceu num momento oportuno, causando forte impacto na vida da jovem carmelita. A enfermidade fez com que Teresa precisasse ausentar-se do mosteiro para buscar um tratamento adequado para a sua saúde. Nessa ocasião, tem contato com a *Moralia* de Gregório Magno, que faz um comentário sobre o livro de Jó. A leitura da *Moralia* ajudou Teresa a ter paciência e suportar o sofrimento com conformidade de espírito, como ela mesma narra:

> Fiquei sofrendo assim por três meses; e parecia impossível que alguém pudesse suportar tantos males ao mesmo tempo. Hoje me espanto e considero grande graça do Senhor a paciência que ele me deu, pois era claro que vinha dele. Para tê-la, muito me serviu ter lido a história de Jó, nas *Moralia* de São Gregório.

---

[47] ÁLVAREZ, 2009d, p. 427.

> Creio que o Senhor me preparou com isso, e com a oração, que eu começara a fazer, para eu poder suportar os meus males com tanta conformidade. Meu pensamento estava sempre no Senhor. Lembrava-me amiúde das palavras de Jó, que costumava repetir: Se das mãos do Senhor recebemos os bens, por que não sofreremos também os males? Ao que parece, isso me dava forças (V 5,8).

Outras duas breves menções ao autor vemos nos Avisos, onde inclui Gregório entre os seus santos prediletos (A 6), e nas Constituições, quando recomenda às suas filhas espirituais que celebrem pelas defuntas as missas gregorianas (Cst 33).

Outros autores espirituais

Além dos clássicos do Cristianismo, Teresa tem contato com a literatura espiritual que estava em voga na sua época, como é o caso da obra *Vita Christi*, conhecida com o nome de C*artujano*. Ela mesma alude à leitura dessa obra no Livro da Vida[48] e recomenda que esteja entre os livros da biblioteca conventual.[49] Sobre

---

48 "Certo dia, na véspera do Espírito Santo, fui, depois da missa, a um lugar bem afastado, onde rezava muitas vezes, e comecei a ler num Cartusiano sobre essa festa. Quando cheguei aos sinais que devem ter os principiantes, os experientes e os que alcançaram a perfeição para compreenderem se o Espírito Santo está com eles, e tendo lido sobre esses três estados, tive a impressão de que, pelo que podia perceber, Deus, pela sua bondade, sempre estava comigo" (V 38,9).

49 "A priora cuide de que haja bons livros, especialmente os Cartuxos, *Flos Sanctorum, Contemptus mundi*, Oratório dos religiosos,

a influência dessa obra no pensamento teresiano, Tomás Álvarez destaca: "São volumes que a iniciaram amplamente nos diversos aspectos da cristologia, em numerosos textos da Bíblia, na meditação da humanidade de Cristo e na arte de introduzir solilóquios íntimos nos próprios escritos, sejam narrativos, sejam doutrinais".[50] Tal aproximação bíblica, bem como a valorização da humanidade de Cristo podem ter ajudado no desenvolvimento do pensamento teresiano sobre a misericórdia.

A lista das obras lidas por Teresa se estende e inclui livros de hagiografia, como o *Flos Sanctorum*; autores das correntes de espiritualidade contemporâneas, entre eles, *Terceiro abecedário*, de Francisco de Osuna, *Via Spiritus*, de Barnabé de Palma, *Subida do Monte Sião*, de Bernardino de Laredo. Muito provavelmente, podem ser acrescentados muitos outros, cuja leitura é plausível, e entre eles pode-se citar a *Imitação de Cristo* e a *Instituição dos primeiros monges.* Contudo, não é possível identificar neles o tema da misericórdia, tal como apresenta Teresa na sua autobiografia. Eles podem ter auxiliado à medida que apontavam para Cristo, para sua humanidade e seu amor oblativo como expressão de amor e misericórdia.

Entre os mestres que influíram em Teresa, para além de suas obras escritas, a lista é bastante grande,

---

os de Frei Luis de Granada e do Padre Frei Pedro de Alcântara, porque esse alimento é tão necessário para a alma quanto a comida para o corpo" (Const 8).

50 ÁLVAREZ, 2009, p. 179.

pois ela sempre procurou orientação e discernimento em sua vida à luz de teólogos e letrados. Mencionamos apenas alguns que pela proximidade ou pela amizade ajudaram-na na compreensão do itinerário espiritual. A lista começa com o franciscano Pedro de Alcântara e passa pelo jesuíta Francisco de Borja, com os quais tratou pessoalmente, além do mestre Ávila, que fez uma apreciação de sua obra escrita, e de João da Cruz, primeiro carmelita descalço.

2. O livro das misericórdias de Deus

A experiência da misericórdia realizada por Teresa de Jesus está relatada no Livro da Vida, a sua primeira grande obra. O Livro da Vida sofreu um longo processo redacional. Inicialmente está destinado aos seus confessores, com a finalidade de ajudar a discernir as graças místicas que estava recebendo. Posteriormente, ganha um cunho apostólico e passa a dar lições sobre o caminho oracional.

Essa segunda parte da pesquisa está dividida em três. A primeira tem como objetivo analisar o Livro da Vida enquanto obra literária: processo redacional, estrutura da obra, objetivo redacional e estilo de redação. A segunda tem como finalidade estudar a experiência da misericórdia narrada nos noves primeiros capítulos, destacando o conceito de pecado e apresentando a oração como lugar privilegiado de fazer a experiência da misericórdia divina. A terceira tem como objetivo demostrar a intencionalidade narrativa para ressaltar a misericórdia nos fatos narrados.

O Livro da Vida

Estamos diante da primeira grande obra literária de Teresa de Jesus. Ela é uma escritora tardia, pois escreve quando se aproximava dos 50 anos de idade, em plena maturidade humana e cristã. A redação final é fruto de muitas outras precedentes, surgidas com a finalidade de compreender-se melhor. Possui o imperativo interno de busca da verdade, da verdade das suas experiências místicas. Embora não tivesse um conhecimento profundo da gramática e da teologia sistemática da sua época, escreve com fluidez e desenvoltura no estilo coloquial. O Livro da Vida é uma grande conversa da Madre Teresa com as suas filhas espirituais e com outros destinatários que se aproximam para escutar a monja carmelita espanhola, Doutora da Igreja.

O Livro da Vida é, ao mesmo tempo, uma narração e um testemunho; na mesma direção das Sagradas Escrituras, possui um caráter performativo. Com essa narração, Teresa visa "engulosinar as almas" (V 18,8).[1] A autora está convencida de que o caminho da oração é a fonte de grandes bens, e ela mesma o experimentou em sua vida e dá o seu testemunho no intuito de convencer os seus interlocutores. Teresa de Jesus quer testemunhar o Deus misericordioso que irrompeu em sua vida. Por isso, seu objetivo nessa obra será cantar as misericórdias de Deus.

Processo redacional

Teresa escreve o relato da sua vida com o objetivo último de "cantar as misericórdias de Deus". Em carta

---

1 O terceiro capítulo abordará essa questão a partir da categoria Teologia narrativa.

dirigida a Dom Pedro de Castro y Nero, com data de 19 de novembro de 1581, afirma que intitulou essa obra de "Livro das Misericórdias de Deus" (Cta 396). Tal nome é muito próprio, pois inúmeras vezes retoma o tema da misericórdia.[2] Teresa expressa, nessa obra, a experiência de sentir-se "criada", "redimida", "atraída", "suportada", "esperada" e "salva".[3] Enfim, compreende a sua existência à luz da misericórdia divina.

Frei Luis de León, ao publicá-lo em 1588, o intitulou "A Vida da Madre Teresa de Jesus e alguma das graças que Deus lhe concedeu, escrito por ela mesma, por ordem do seu confessor, a quem o envia e encaminha".[4] Portanto, o nome "Livro da Vida" não foi determinado pela autora, mas sim foi um acréscimo posterior que se tornou título oficial. Os editores posteriores seguiram o primeiro editor e perpetuaram o nome "Livro da Vida".

Tomás Álvarez descreve o itinerário do autógrafo do Livro da Vida em quatro períodos: os primeiros anos nas mãos da autora (1565-1575); o sequestro pela Inquisição (1575-1587); a publicação pelo Frei Luis de León, catedrático da Universidade de Salamanca (1588), e, por fim, o seu ingresso na Biblioteca do Escorial, como parte do Patrimônio

2 Conforme se pode constatar em: V 4,3; V 4,4; V 4,10; V 6,9; V 7,22; V 8,2; V 8,4; V 8,5; V 8,10; V 9,7.

3 "Vossa sou, pois me criastes. Vossa, porque me remistes. Vossa, porque me atraístes. E porque me suportastes. Vossa, porque me esperastes. E me salvastes, por fim: Que mandais fazer de mim?" (P 2).

4 ÁLVAREZ, 2011a, p. 36.

Nacional (1592),[5] onde se encontra até os dias de hoje, tendo superado os conturbados conflitos históricos da Espanha.

O manuscrito autógrafo é composto por onze cadernos unidos pela própria autora, formando duzentos e cinco fólios. A tinta utilizada é, provavelmente, de produção caseira, de boa qualidade. Redige com traços firmes, sem hesitação ou quase nenhuma correção, com pouquíssimos borrões. Escreve num bloco único, sem divisão de parágrafo ou uso de sinais de pontuação. Utiliza-se de muitas abreviaturas e com uma grafia muito peculiar.[6]

O processo redacional foi longo e complexo, conforme constata Enrique Llamas: "A redação do Livro da Vida da Madre Teresa, tal como agora conhecemos, esteve precedida de várias redações parciais, mais ou menos amplas, fruto de circunstâncias e de situações muito concretas da sua autora".[7] A primeira redação ocorre entre os anos 1554 e 1555, quando começam as primeiras graças místicas. Francisco de Salcedo, chamado por Teresa de "fidalgo santo", juntamente com Gaspar Daza, sacerdote de Ávila, são os seus primeiros destinatários.

Teresa começa a vivenciar algumas graças místicas na oração. Espantada e desconcertada pelo fato, procura pessoas que lhe possam ajudar no discernimento.

---

5 Ibid., p. 35.

6 Ibid., p. 36-38.

7 LLAMAS, 2002, p. 338.

Aconselham-na a conversar com Francisco de Salcedo e Gaspar Daza, homens de virtude e reconhecida santidade na cidade. Embora tivessem fama de santidade, não tinham o conhecimento necessário para entender o caminho pelo qual Deus conduzia Madre Teresa.

Os assessores não conseguem entender o que se passa com Teresa, pois as graças que ela recebe não correspondem à vida que leva. Segundo o parecer deles, tratava-se de ações do demônio, por isso, era necessário resistir a essas graças. A sua condição de mulher a tornava presa fácil para os ardis do demônio. Consequentemente, ela se sentia incompreendida, julgada e condenada. Esse fato doloroso na vida da Madre Teresa fará com que ela recomende muitas vezes que procurem confessores letrados, pois, mesmo que possa faltar-lhes experiência, o bom entendimento ajudará a aconselhá-la corretamente.[8]

Teresa afirma ter entregado, junto com o "relato da sua vida e dos seus pecados", um livro (V 23,14). Trata-se da *Subida do Monte Sião*, escrito pelo franciscano Bernardino de Laredo. Ela sublinha no livro todas as passagens nas quais identificava a sua oração. Sofre profundamente por não compreender o que acontece em seu interior e, consequentemente, por não conseguir explicar aos seus interlocutores. Por isso, posteriormente, irá estabelecer a distinção: "Um favor é receber a graça do Senhor, o outro é entender

8 V 5,3; V 13,18; V 13,19.

qual o favor e qual a graça, e outro ainda saber entender e explicar como é" (V 17,5).

A segunda redação ocorre quando entra em cena o Padre Diego de Cetina, jovem sacerdote jesuíta, que, por indicação do fidalgo santo e do mestre Daza, passa a ser o confessor de Madre Teresa. O Padre Cetina muito ajudou Madre Teresa a colocar-se no caminho da oração. Afirma ela:

> Bom conhecedor dessa linguagem, ele me disse o que era e muito me estimulou. Afirmou ser notoriamente espírito de Deus, mas que havia necessidade de que eu recomeçasse a oração, porque ela não estava bem fundada, e eu não tinha começado a entender a mortificação (e isso era tão verdadeiro que até o nome eu parecia não entender) (V 23,16).

Ela mesma nos dá a conhecer os frutos dessa orientação espiritual: "Comecei a cuidar da minha confissão geral, anotando todos os males e bens, narrando a minha vida da maneira mais clara que podia, sem omitir nada" (V 23,15). Não há nenhum vestígio desses dois primeiros relatos. Enrique Llamas acredita que Teresa tenha reformulado esses breves relatos e acrescentado na redação final.[9]

Llamas propõe ainda uma terceira redação escrita para o Padre Pedro Ibáñez, a partir da qual teria nascido o ditame que escreveu com trinta e três pontos,

---

[9] "Teresa reformulou-o mais tarde, em termos de sua substância, na redação mais extensa e definitiva de sua vida, como agora a possuímos" (LLAMAS, 2002, p. 340).

confirmando a autenticidade das graças recebidas por Teresa na oração. Numa quarta redação parcial, são considerados alguns relatos de cunho autobiográfico, chamados Relações ou Contas de Consciência, no qual procura dar a conhecer aos seus confessores o modo de proceder da oração.[10]

Uma quinta redação, ainda não definitiva, mas já mais ampla que as anteriores, ocorre no primeiro semestre de 1562, a pedido do Padre Garcia de Toledo, em Toledo, durante a sua estadia no palácio de Dona Luisa de la Cerda, a quem fazia companhia e consolava na sua viuvez. A respeito dessa redação que se perdeu, observa Tomás Álvarez: "Desconhecemos suas dimensões e seu esboço redacional. Com toda a probabilidade constava de duas seções: uma contando sua vida jovem (seus pecados) e outra, para referir suas experiências místicas (as mercês de Deus)".[11]

A redação definitiva ocorreu no Mosteiro São José, em Ávila, o primeiro fundado pela Madre Teresa e, portanto, num contexto de pobreza e austeridade. Seus confessores e conselheiros espirituais tomaram conhecimento do escrito anterior e pediram que ela ampliasse o relato, já não tanto com a finalidade de

---

[10] "As Relações, também conhecidas como Contas de Consciência, não constituem um tratado, mas florilégio de peças heterogêneas: relatos autobiográficos de vivências interiores; consultas espirituais, às vezes sob segredo; apontamentos soltos, como se fossem instantâneas para uso estritamente pessoal; formulação do voto de obediência ao diretor espiritual; avisos aos frades carmelitas descalços" (ÁLVAREZ, 2011, p. 188).

[11] Ibid., p. 144.

discernir o seu espírito, mas de beneficiar a outros com a sua experiência e ensinamentos. De modo especial, interveio, nesse processo redacional, o então inquisidor de Toledo, Soto y Salazar, que, no diálogo com Madre Teresa, aconselhou que escrevesse uma extensa relação da sua vida ao mestre Ávila, homem de reconhecido entendimento e oração. Conforme ela mesma relata:

> Há uns treze anos, pouco mais ou menos, foi ali o Bispo de Salamanca, que era, creio, Inquisidor em Toledo, e o fora aqui; ela procurou falar-lhe para assegurar-se mais e deu-lhe conta de tudo. Ele lhe disse que tudo isso não era coisa que tocasse ao seu ofício, porque tudo o que via e ouvia sempre a firmava mais na fé católica, em que ela sempre esteve e está firme, e com grandíssimos desejos da honra de Deus e do bem das almas, pois por uma se deixaria matar muitas vezes. Vendo-a tão fatigada, disse-lhe que escrevesse ao Mestre Ávila, que era vivo, uma longa relação de tudo, visto que ele era homem que muito entendia de oração, e que, com aquilo que ele dissesse a ela, sossegasse. Ela assim o fez; e o Mestre escreveu-lhe e a tranquilizou muito. Foi de tal maneira essa relação que todos os letrados que a viram — que eram seus confessores — diziam ser de grande proveito para advertir sobre coisas espirituais; e mandaram-na que o trasladasse e fizesse outro livrinho para suas filhas, já que era prioresa, no qual lhes desse alguns avisos (Rel 4,6).

Em 1564, conclui a redação definitiva com a finalidade de enviar o texto ao mestre Ávila. Não sabemos exatamente o que ela introduziu nessa segunda edição da obra. Tomás Álvares supõe que teria acrescentado os capítulos finais (32-40); os capítulos que contêm o tratado sobre a oração (11-21 ou 22) e outras passagens esparsas em que alude à pobreza do novo Carmelo, no qual estava vivendo.[12] Com certeza, acrescenta também a divisão de capítulos com o seu devido título. De todo modo, o conjunto da obra revela-se uma preciosidade da literatura mística cristã, que segue despertando estudos e pesquisas.[13]

O itinerário entre a conclusão da redação definitiva até a impressão por Frei Luis de León, em Salamanca, no ano de 1588, foi extenso e doloroso para a autora, que não chegou a ver a concretização desse desejo. O manuscrito teve a desventura de cair nas mãos da princesa de Éboli, que o denunciou à Inquisição. O livro foi recolhido nos cofres inquisitoriais para análise e julgamento. Os diversos pareceres favoráveis não foram capazes de livrá-lo da prisão. A suspeita recaía não tanto na obra escrita, mas na sua autora, que, nos últimos anos, havia intensificado a sua missão fundacional. A combinação mulher-mística-escritora-fundadora colocava-a em uma atitude de constante suspeita.

---

12 ÁLVAREZ, 2009a, p. 8.

13 A atualidade e interesse pelo Livro da Vida se podem constatar nas Atas do I Congreso Internacional Teresiano, na Universidad de la Mística (2011), em Ávila, a qual se dedicou ao estudo dessa obra.

Estrutura da obra

Conforme vimos anteriormente, o Livro da Vida é fruto de um longo processo redacional, no qual partes foram acrescentadas ao conjunto da obra. A redação final, a única que chegou até nós, permite-nos perceber algumas divisões internas. Esses blocos temáticos, embora escritos em momentos diversos, possuem uma unidade interna de cunho mistagógico. O conjunto final da obra é composto por quarenta capítulos, estruturados e titulados pela própria autora.

Tomás Álvarez divide a obra em cinco relatos, e os capítulos 10 e 22 servem de ligação entre o tema precedente e o novo relato.[14] Nos capítulos 1 a 9, Teresa apresenta o contexto de sua vida e de sua oração, narra os seus altos e baixos nesse caminho. A obra é profundamente autobiográfica, embora se procure manter o anonimato a respeito de nomes e lugares. Emerge com grande força e convicção o tema da misericórdia divina, ao fazer a releitura da vida de Teresa. O capítulo 10 serve de ligação para o próximo bloco, que irá do capítulo 11 ao 21. Nesse bloco, ela insere um tratado sobre a oração, utilizando-se do simbolismo das quatro maneiras de regar o jardim. Possui um tom mais teórico do que narrativo, embora não deixe de ter caráter autobiográfico.

O capítulo 22 introduz uma mudança de assunto, trata sobre a humanidade de Cristo, elemento

---

14 ÁLVAREZ, 2011, p. 146-147.

essencial para entender a narração das graças místicas que virá na sequência. O bloco dos capítulos 23 a 31 compreende uma sequência de narrações de graças místicas. Apresenta de forma gradual essas graças na sua vida, tornando o relato autobiográfico com a finalidade de demonstrar a pedagogia de Deus. Nos capítulos 32 a 36, encontra-se a narração da fundação de São José. O serviço eclesial é o fruto maduro da mística. A última fração do livro, os capítulos 37 a 40, está dedicada a novas graças místicas que seguem acompanhando a autora mesmo durante a redação dessa obra.

Enrique Llamas procura estruturar a obra, identificando as etapas da vida que correspondem àquele relato.[15] Assim temos: a etapa da infância e juventude (1-3); a etapa dos primeiros anos de sua vida religiosa (4-10); a etapa do progresso na prática da oração mental (23-24); a etapa antes da fundação do convento São José (30-34) e a etapa que é o auge da sua biografia espiritual (35-40). Embora, em algumas partes, a identificação seja evidente, em outras, deixa lacunas, sobretudo, por desconsiderar a peculiaridade da obra, que não é uma autobiografia no sentido clássico. A autora mescla dados autobiográficos com doutrina sobre a oração.

Outra forma de estruturar a obra seria considerar a centralidade do tratado de oração, assim, teríamos:

---

15 LLAMAS, 2002, p. 354.

dos capítulos 1 a 10 a narração de sua vida, sua luta interior no caminho da oração. Os capítulos 11 a 22 são o centro do relato, onde se encontra a parte doutrinal mais coesa. Eles expressam o divisor de águas na vida da autora. Os capítulos que seguem, do 23 ao 40, relatam a nova vida que brotou da oração. Teresa assim dá a entender, quando afirma: "Daqui por diante, é um novo livro, isto é, uma vida nova. A que levei até aqui era minha; a que passei a viver depois que comecei a falar dessas coisas de oração é a que Deus vive em mim" (V 23,1).

Objetivo redacional

Madre Teresa, reiteradas vezes, afirma que escreve por obediência aos seus assessores espirituais. Essa obediência aos confessores é acompanhada por um mandato interior. No prólogo, ela afirma: "Que o Senhor o quer, eu o sei há muitos dias" (Pról V, 1). Em outro momento, expressa a mesma convicção: "Mas, obedecendo ao Senhor que o ordenou e a vossas mercês, direi algumas coisas para a glória de Deus" (V 37,1). Nesse sentido, podemos afirmar que Teresa sente uma necessidade de obedecer ao mandato divino no seu interior, que se confirma por meio dos seus confessores.

Corroborando com isso, Llamas afirma: "Foi a voz dos seus diretores espirituais que se fez ouvir no seu espírito e foi também a voz amorosa de Deus que a convidou a realizar esta tarefa, como ela mesma testemunha [...] Desta forma, sua obediência alcançou o mérito de uma missão espiritual incondicional".[16] A essas duas vontades, de Deus e de seus confessores, podemos acrescentar a sua própria, pois a autora está convencida de que pode ajudar nesse caminho espiritual e, por isso, coloca-se a escrever.

A recorrente afirmação teresiana sobre escrever "por obediência" permitia dar às suas obras um salvo-conduto. Teresa escreve em tempos difíceis, nada favoráveis para uma mulher, mística, escritora e fundadora. Ela sofrerá profundamente na sua alma por estar sempre sob suspeita. O mandato dos seus confessores, ao mesmo tempo que coloca o escrito sob a tutela de insignes pastores, também assume uma posição filial ante o discernimento da Igreja.

Ao investigarmos as motivações e objetivos redacionais, percebemos que é necessário estabelecer uma distinção. Os primeiros relatos do Livro da Vida correspondem à necessidade da autora de entender o que se passava em seu interior, como afirma Tomás Álvarez: "Ela o escreve para esclarecer esse estado de espírito para si mesma, para discerni-lo e assimilá-lo. Teresa precisa entender e aceitar o que está acontecendo com ela".[17] Como se vê incapaz de fazê-lo sozinha, convoca seus confessores para ajudá-la nessa tarefa. No prólogo, alude ao mandato de seus confessores de escrever e acrescenta: "Eles, conhecendo-me melhor,

---

16 Ibid., p. 334.

17 ÁLVAREZ, 2009a, p. 6.

ajudam-me na minha fraqueza para que eu possa compensar algo do que devo ao Senhor" (V Pról 2).

Ao iniciar o relato final, essa primeira motivação de cunho pessoal parece enfraquecer e dar lugar a outras de envergadura eclesial. Teresa passa por um processo que vai de receber e entender a graça recebida a saber comunicá-la aos outros. Javier Sancho Fermín aponta três outras possíveis intenções que iremos aprofundar agora.[18] Para o autor, Teresa tem três grandes propósitos ao redigir essa obra.

O primeiro propósito é de caráter teológico. Teresa quer apresentar a face misericordiosa de Deus a partir da sua história pessoal. O segundo, é de caráter apostólico. Ela está convencida dos benefícios da oração na vida cristã e deseja encorajar outras pessoas a trilharem o mesmo caminho; procura alertar a respeito de armadilhas e ciladas que possam impedir de avançar. O terceiro, é de caráter apologético. Ela contrapõe-se ao ambiente de suspeita que havia contra a oração e coloca-se na sua defesa.

Para o estudo que estamos desenvolvendo, é fundamental evidenciar o caráter teológico dessa obra. Teresa começa a "teologizar" sobre a oração, tirando-a do âmbito devocional e particular para torná-la um tema de interesse teológico. Ela não faz uma teologia especulativa, que, aliás, estava muito em voga na sua época, mas, com sua sensibilidade feminina, opta pela Teologia narrativa. Fundada no mesmo propósito dos

[18] FERMÍN, 2011, p. 241-253.

autores bíblicos, deseja demonstrar a ação de Deus na história concreta.

Não menos evidente é o caráter apostólico que perpassa a redação final da obra. Se os primeiros relatos tinham o objetivo de autentificar as suas experiências místicas, agora essas experiências passam a iluminar e ajudar os que se colocam no caminho da oração. Teresa sente a necessidade de compartilhar a sua experiência com outras pessoas, quer engulosinar as almas, como ela mesma afirma: "Mas creio que o Senhor há de me ajudar nisso, pois Sua Majestade sabe que, além de obedecer, é minha intenção engulosinar as almas de um benefício tão elevado" (V 18,8).[19] Ela está convencida da importância do caminho da oração, apresenta a sua própria história pessoal como testemunho, deseja que outras pessoas façam a mesma experiência, por isso, quer despertar avidez por esse caminho.

O leitor atento percebe que o intuito apostólico, em alguns momentos, toma matizes apologéticos. Para entender o motivo dessa atitude, basta se referir ao ambiente de suspeita que provocava a Inquisição. A presença dos alumbrados, a Reforma Protestante, a efervescência de místicos falsários, criavam um ambiente nada propício para incentivar a oração. O perigo aumentava pelo fato de ela ser mulher, considerada fraca e muito suscetível às ciladas do demônio.

19 Preferimos manter na tradução a palavra "engulosinar", pois melhor expressa a originalidade teresiana.

É nesse contexto de suspeita que Teresa ergue a sua voz para dizer: "Não entendo esses medos. Por que dizer: 'demônio! demônio!', quando se pode dizer: 'Deus! Deus!', fazendo tremer o demônio?". E acrescenta um dado da sua experiência: "Tenho mais medo dos que temem muito o demônio do que dele mesmo; porque ele não me pode fazer nada, ao passo que aqueles, especialmente se são confessores, trazem muita inquietação" (V 25,22).

Estilo de redação

Quem se acerca do Livro da Vida logo percebe o tom coloquial no qual foi escrito. A autora coloca-se em atitude de diálogo com os seus leitores. Outras vezes, interrompe o diálogo na linha horizontal para dirigir-se à vertical. Assim, de um passo ao outro, a sua escrita se torna oração. Nessas ocasiões, geralmente, inicia com uma exclamação: "Ó Senhor meu!" (V 1,8); "Ó Deus! (V 2,7); "Valha-me, Deus!" (V 3,4) e "Ó Deus da minha alma" (V 7,19).

Depois ela introduz uma pergunta retórica: "Em quem, Senhor, poderiam essas misericórdias brilhar senão em mim, que tanto obscureci com minhas obras más os grandes favores que começastes a me conceder?" (V4,4); "Que é isso, Senhor meu? Teremos de viver vida tão perigosa?" (V 6,9) e "Como poderei enaltecer as graças que me concedestes nesses anos?" (V 7,19). Geralmente, o conteúdo desses diálogos na vertical visa a enaltecer a misericórdia divina.[20]

O próprio Deus, por meio da autora, toma parte nesse diálogo, suscitando, no seu íntimo, palavras de sabedoria. Essas audições divinas são chamadas de "falas do Senhor" e estão muito presentes no Livro da Vida.[21] Há abundantes circunstâncias em que Teresa cita a Deus, fazendo-o participar desse diálogo.[22] O leitor moderno, herdeiro dos conceitos psicanalíticos, pode ver nas "falas do Senhor" uma mera projeção de conteúdos inconscientes. Precocemente, a autora, consciente dessas objeções e dessa possibilidade, procurou distinguir uma coisa da outra, sinalizando os efeitos que acompanham essa graça mística.[23]

---

20 "Ó Senhor meu! Como pareceis ter determinado que eu me salve, praza a Vossa Majestade que assim seja" (V 1,8); "Valha-me, Deus! De que maneira Sua Majestade dispunha de mim para a condição em que quis se servir de mim! Sem que eu o quisesse, obrigou-me a me fortalecer! Bendito seja para sempre. Amém" (V 3,4); "Em quem, Senhor, poderiam essas misericórdias brilhar senão em mim, que tanto obscureci com minhas obras más os grandes favores que começastes a me conceder?" (V 4,4); "Que é isso, Senhor meu? Teremos de viver vida tão perigosa? Enquanto escrevo isto, parece-me que, com o vosso favor e a vossa misericórdia, eu poderia dizer, com São Paulo, embora sem tanta perfeição, que: Não sou eu quem vive; é Cristo, Criador meu, que vive em mim" (V 6,9).

21 Os capítulos 25 a 27 explicam esse tipo de graça mística.

22 "O Senhor me disse" (V 18,14; 26,5; 39,24); "Disse-me o Senhor" (V 33,12; 36,16); "Ele me disse" (V 38,3; 39,23); "Vós me respondestes" (V 19,9); "Entendi as palavras" (V 24,5); "Me disse" (V 33,3); "Disseram-me" (V 40,1).

23 Alguns sinais que acompanham essa graça mística: certeza da qual não se pode duvidar (V 18,14); fica impresso na alma, de modo

O estilo dialogal que adota a autora causa dificuldades para o leitor que procura encontrar um livro sistematizado sobre um determinado tema. Conforme constata Álvarez: "Em qual estilo escrever não é problema para a Santa (Teresa). Vai sê-lo para os que a estudarem". E elenca algumas notas características do estilo teresiano, como: simplicidade e verdade; espontaneidade; sem pretensões estéticas; valorizando muito mais o conteúdo do que a roupagem. Tudo isso estabelecendo uma ampla conversa com os seus interlocutores, conforme vimos.[24]

A experiência da misericórdia divina

Os escritos teresianos são, antes de tudo, um testemunho de vida. Neles, Teresa nos oferece a sua experiência pessoal como substrato para uma síntese doutrinal. A narração da sua vida nos faz chegar à conclusão de que Deus é misericordioso. Madre Teresa é consciente de que possui uma experiência paradigmática. A sua experiência tem os mesmos matizes que as experiências bíblicas de conversão.

Teresa, ao narrar a sua vida, enfatiza a sua dimensão de pecadora. O pecado será o rompimento do projeto original, uma infidelidade à aliança estabelecida com Deus, uma traição a quem nos ama. Veremos

---

que não se pode esquecer (V 26,5); são eficazes, realizam o que anunciam (V 24,6); consolo (V 36,16); paz e sossego (V 39,24).

24 ÁLVAREZ, 2011, p. 128-129.

como a ênfase dada ao pecado nada tem a ver com uma visão depreciativa do ser humano, mas é um recurso de linguagem para ressaltar a misericórdia divina.

O tema da oração tem um lugar privilegiado no magistério teresiano. Na totalidade da sua obra, podemos dizer que é o tema principal. Ele não poderia estar ausente nesses nove primeiros capítulos do Livro da Vida. Aqui encontramos a definição clássica teresiana da oração como trato de amizade. Para Teresa, a oração é o lugar privilegiado para fazer a experiência da misericórdia divina.

A experiência como ponto de partida

Entre aqueles que estudaram o tema da misericórdia no pensamento teresiano, é comum ressaltar o seu caráter de experiência vital. Teresa não fala da misericórdia de modo abstrato ou teórico, mas sempre da misericórdia experimentada em sua vida. Conforme afirma Alfonso Ruiz, "essa misericórdia divina, antes pudesse ser para ela um conceito teológico a mais na sua bagagem espiritual", pois ela poderia ter recolhido esse conceito dos sermões ou dos livros da época. No entanto, "foi uma realidade, sem dúvida, prodigiosamente próxima, que ela tocou com a sua mão, sentiu derramar-se copiosamente sobre o seu coração e experimentou profundamente, em todos os momentos da sua vida".[25]

[25] RUIZ, 2016, p. 249.

A experiência que Teresa faz da misericórdia é progressiva e, consequentemente, a sua consciência segue o mesmo ritmo. Ao escrever a versão final do Livro da Vida, possui uma larga experiência da graça divina e, por isso, lê todos os acontecimentos da sua história pessoal à luz da misericórdia divina. Diante da luz de Deus, resplandece melhor a miséria de seus pecados, por isso, nos nove primeiros capítulos do Livro da Vida, procura enfatizar a sua condição de pecadora. No prólogo, havia manifestado o seu desejo: "Quisera eu que, assim como me mandaram e deram ampla licença para escrever o modo de oração e as mercês que o Senhor me tem concedido, também me dessem para que, com muita frequência e clareza, dissesse os meus grandes pecados e vida ruim" (Pról V1).

O pecado à luz da misericórdia divina

O primeiro capítulo do Livro da Vida é semelhante ao capítulo inicial do livro dos Gênesis,[26] pois em ambos se percebe a bondade de Deus revelada na sua criação. Teresa exalta as virtudes de seu pai (V 1,1); de sua mãe (V 1,2); de seus irmãos (V 1,3); reconhece "as boas inclinações" que o Senhor lhe dava (V 1,3); diz ter ficado "impresso", em tão tenra idade, o caminho da verdade (V 1,4); vê nisso tudo Deus, que estava determinado a conduzi-la à salvação

[26] Uma análise desse paralelo bíblico pode ser encontrada em: SÁNCHEZ, 2012, p. 15-27; ROMÁN, 2013, p. 15-20.

(V 1,8); enfim, conclui, "não me parece que vos faltasse desvelo para levar-me, desde essa idade, a ser toda vossa (V 1,8). Essa experiência positiva da existência é a base para entendermos as consequências do pecado na vida humana e a necessidade de retornar ao 'caminho da verdade'" (V 1,4).

Assim como no Gênesis, o segundo capítulo do Livro da Vida narra a quebra do projeto primordial. Teresa aponta uma ruptura na trama de sua vida, indica "como foi perdendo essas virtudes" (Tít V 2); "esfriando os desejos" e "descuidando das outras coisas" (V 2,1). Teresa, convencida de que seu testemunho pode ajudar outras pessoas, não se restringe a falar em pecado de modo genérico e abstrato; ao contrário, quer dar a conhecer os "grandes pecados e vida ruim" de forma concreta (Pról V 1).

O leitor que se aproxima pela primeira vez do Livro da Vida, mesmo diante da insistência da autora em querer relatar seus "grandes pecados", corre o risco de concluir a sua leitura sem encontrar um pecado que pudesse receber o adjetivo de "grande" ou "grave". Mas a percepção do leitor não é a mesma que a da autora, pois a consciência do pecado é distinta, já que distinto é o lugar onde cada um se posiciona.

Ricardo Pérez pergunta-se a esse respeito: "Teresa estava exagerando ao insistir tanto em seus pecados e na ruindade de sua vida passada? Ou somos míopes porque ficamos surpresos com a insistência deles?". Para responder a essa questão, recorda: "Assim como o pecado de Adão é entendido teologicamente à luz da redenção superabundante do novo Adão Jesus Cristo, o Salvador de todos (cf. Rm 5,12-19), também a gravidade do pecado é devidamente avaliada à luz do amor e misericórdia de Deus".[27] Portanto, não se trata de uma análise moral dos atos cometidos, mas de uma compreensão teológica à luz da misericórdia divina.

Conforme afirma Alfonso Ruiz, "ela lê toda a sua vida passada à luz das esplendorosas graças místicas que está recebendo. E, naturalmente, desde esta proximidade maravilhosa de Deus na qual está situada, todos os tropeços adquirem uma malícia e uma gravidade mais profunda".[28] A esse respeito, a autora irá afirmar mais tarde na sua obra Castelo Interior: "Quanto mais se recebe de Deus, tanto mais aumenta a dor pelos pecados. E creio que esse pesar nunca nos deixará, até que estejamos no lugar em que nada pode causar dor" (6M 7,1).

O primeiro "grande pecado" narrado pela autora refere-se ao tempo do despertar da mocidade. Ela começa a valorizar os dons da natureza que possuía e envolve-se em um ritual de vaidade juvenil, que, aos poucos, vai lhe distanciando dos bons propósitos da infância. Afirma: "Comecei a enfeitar-me e a querer agradar com a boa aparência, a cuidar muito das mãos e dos cabelos, usando perfumes e entregando-me a

---

[27] PÉREZ, 2011, p. 27-28.

[28] RUIZ, 2016, p. 253.

todas as vaidades. E eram muitas as vaidades, porque eu era muito exigente" (V 2,2).

Esse "grande pecado" pode ser compreendido como algo natural, fruto do despertar da sua juventude. Ela mesma pondera: "Não tinha má intenção, não desejava que alguém ofendesse a Deus por minha causa" (V 2,2). No entanto, à luz das graças recebidas ao longo dos anos e tendo o desejo de cultivar um coração indiviso, reconhece o cultivo dessas vaidades como infidelidade a Deus, que tanto a amou. O pecado consiste na dispersão do afeto e na infidelidade por não ter permanecido nos bons propósitos da infância.

O segundo "pecado" ou, melhor, situação de pecado, está ligado ao anterior. A jovem Teresa encontra pessoas que lhe auxiliem nessas vaidades. Refere-se concretamente a uma parenta que tinha acesso à sua casa e que passa a lhe influenciar. Escreve: "Passei a gostar dessa parenta. Com ela tinha conversas e entretenimentos, porque ela me ajudava em todas as diversões do meu agrado e até me atraía para elas, tornando-me ainda confidente de suas conversas e vaidades" (V 2,3).

Nesse enredo, aparecem alguns primos que, encantados pela beleza da jovem Teresa, começam a galanteá-la. Sobre eles, afirma: "Meus primos eram quase da minha idade, sendo pouco mais velhos que eu. Andávamos sempre juntos. Eles gostavam muito de mim, e conversávamos sobre todas as coisas que lhes davam prazer. Eu os ouvia falar de suas aspirações e leviandades, que nada tinham de boas" (V 2,2). A trama amorosa poderia naturalmente acabar em casamento.

Seu pai, que se opôs a tal desfecho, remediou a situação, colocando-a como interna no convento de Santa Maria da Graça. Mas, em que de fato consiste o pecado do qual Teresa se acusa? Quais foram as proporções desse envolvimento amoroso? Ao final, ela mesma esclarece: "Eu não me entregava a pecados graves, porque não gostava, por natureza, de coisas desonestas, mas me dedicava a conversas agradáveis - o que não impedia que eu estivesse em perigo, exposta a situações arriscadas" (V 2,6).

O pecado acusado aqui consiste em ocupar o tempo em conversas, que incluíam o galanteio dos primos, encantados com a beleza e simpatia da jovem prima. Esse fato, à luz das graças recebidas e do desejo de fidelidade a Deus, fará com que constate: "De tudo isso Deus me livrou, e de um modo que mostrou com clareza estar ele procurando, até contra a minha vontade, evitar que eu me perdesse por inteiro" (V 2,6).

O tempo de interna no colégio marca uma nova etapa na vida da jovem Teresa. Depois de oito dias, está mais contente ali do que na casa do seu pai. Começou a apreciar as boas religiosas que ali havia, embora não simpatizasse com a ideia de tornar-se monja. Aos poucos reencontra o caminho da infância. Anos mais tarde, escreve a esse respeito: "Minha alma reencontrou o bem de minha meninice, e vi o grande favor que Deus concede a quem põe em companhia dos bons. Creio que ele buscava incessantemente a melhor maneira de me trazer a si. Bendito sejais, Senhor, que tanto sofrestes por mim! Amém" (V 2,8). Como se vê, o objetivo da autora é que, no relato de seus pecados, transpareça o rosto misericordioso de Deus que segue buscando o ser humano mesmo em meio às suas infidelidades.

No capítulo terceiro, Teresa narra-nos como a boa companhia de uma monja agostiniana "serviu para reaviar seus desejos", além de perceber "o engano pelo qual se deixara atrair" (Tít V 3). Teresa fica enferma e precisa deixar o colégio; de viagem a caminho da casa de sua irmã, hospeda-se na casa de seu tio.[29] Este introduz a sobrinha nas leituras espirituais que fazia, abrindo-lhe as portas para um grande auxílio, ao qual irá recorrer abundantemente. Teresa vê, nesses pormenores, a ação de Deus, que a vai dispondo para o que virá depois. Exclama: "Valha-me, Deus! De que maneira Sua Majestade dispunha de mim para a condição em que quis se servir de mim! Sem que eu o quisesse, obrigou-me a me fortalecer! Bendito seja para sempre. Amém" (V 3,4).

---

[29] "Um irmão de meu pai morava no caminho. Pessoa muito experiente, muito virtuosa, viúvo, ele estava sendo preparado pelo Senhor para o seu serviço. Tendo deixado tudo o que tinha em idade avançada, abraçou a vida religiosa e morreu em tamanha santidade que deve estar na companhia de Deus. A pedido seu, detive-me com ele alguns dias. Ele costumava dedicar-se à leitura de bons livros em castelhano e de modo geral falava sobre Deus e a vaidade do mundo" (V 3,4).

No capítulo quarto, ela descreve como "forçando-se" ingressou no Mosteiro da Encarnação, e dirá a esse respeito: "No momento certo, o Senhor me deu ânimo na luta contra mim mesma e, assim, levei adiante o meu propósito" (V 4,1). A luta inicial deu lugar a uma alegria perene. Constata: "Deus transformou a aridez que tinha a minha alma em magnífica ternura" (V 4,2). Com olhar retrospectivo, Teresa lamenta não ter permanecido fiel à aliança que estabeleceu com Deus na sua profissão.

Para ela, o pecado consiste em não ter correspondido, à mesma altura, aos desvelos amorosos de Deus, conforme afirma:

> Bastariam, ó sumo Bem e descanso meu, as mercês que me tendes feito até aqui: trazendo-me, por tantos rodeios da vossa piedade e grandeza, a uma condição tão segura e a uma casa com tantas servas suas que me podem servir de exemplo para ir crescendo em vosso serviço. Não sei como prosseguir ao me lembrar como cheguei à minha profissão, a grande determinação e contentamento com que o fiz, a aliança que fiz convosco. Não posso dizê-lo sem lágrimas; e estas teriam de ser de sangue, despedaçando-me o coração, e ainda assim não seria demasiado pelo tanto que depois vos ofendi (V 4,3).

Mas, o pecado possui uma outra faceta, pois ele revela, ao mesmo tempo, a verdade de Deus e a verdade do ser humano. O pecado é o lugar onde melhor resplandece a misericórdia de Deus. A esse respeito, escreve: "Isso manifesta ainda mais quem sois vós,

Esposo meu, e quem sou eu. Pois é verdade que muitas vezes o sentimento de minhas grandes culpas é temperado pelo contentamento que me dá a compreensão da multiplicidade das vossas misericórdias" (V 4,3).

Teresa encara o seguimento a Jesus Cristo em chave esponsal, a sua profissão será o desponsório contraído com Cristo. Na dinâmica esponsal, os afetos e a atenção devem estar voltados para o seu Esposo, e qualquer desvio é considerado infidelidade. Porém, é nesse amor falho e imperfeito que melhor resplandece a misericórdia de Deus.[30] No término desse capítulo, a autora enaltece a misericórdia divina à luz do que ela vivenciou. Exclama extasiada:

> Muitas vezes pensei, espantada, na grande bondade de Deus, ficando minha alma maravilhada ao ver sua grande magnificência e misericórdia. Bendito seja ele por tudo, pois sempre vi com grande clareza que, mesmo nesta vida, ele não deixa de recompensar nenhum bom desejo. Por piores e mais imperfeitas que fossem as minhas obras, o Senhor as melhorava, aperfeiçoava e tornava meritórias, apressando-se a esconder minhas faltas e pecados. E, mais do que isso, Sua Majestade cegava e tirava a memória dos que ti-

[30] "Em quem, Senhor, poderiam essas misericórdias brilhar senão em mim, que tanto obscureci com minhas obras más os grandes favores que começastes a me conceder? Ai de mim, Criador meu, que não posso me desculpar por nenhuma desculpa ter, só podendo culpar a mim mesma! Para retribuir um pouco do amor que começastes a me mostrar, só em vós eu poderia empregar o meu amor, o que teria remediado todo o mal. Como não o mereci, nem tive tanta ventura, valha-me agora, Senhor, a vossa misericórdia" (V 4,4).

> nham visto essas minhas faltas e pecados. O Senhor doura as culpas, faz com que resplandeça uma virtude que ele mesmo põe em mim, quase me maltratando para que eu a tenha (V 4,10).

Tomás Álvarez, comentando esse trecho do Livro da Vida, destaca que a imagem de Deus que surge aqui não é uma simbologia improvisada, mas fruto do desenvolvimento progressivo da consciência do mistério de Deus na vida da autora. A contemplação da ação salvífica de Deus na sua história pessoal causa-lhe assombro e deleite. Emerge um Deus que corresponde aos mínimos sinais de boa vontade do ser humano, recompensando até mesmo os bons desejos.

O Deus misericordioso, que faz resplandecer a sua magnificência, "é um verdadeiro ourives que elabora ('melhora e aperfeiçoa') o metal humano. Os 'males e pecados' deste metal 'os encobrem'. Ele é um bom dourador: 'doura as culpas' e dá brilho às virtudes. Fortalece e 'dá força' para que Teresa se fortaleça na luta".[31]

O capítulo quinto continua narrando que ela, por se achar enferma, precisou sair do mosteiro à procura de um tratamento que remediasse o seu mal. Levaram-na a um povoado chamado Becedas, onde uma afamada curandeira se incumbiu do seu tratamento. Nesse capítulo, Teresa narra a terceira situação de pecado no qual ela se vê envolvida e que melhor resplandece a misericórdia de Deus. No povoado onde se

31 ÁLVAREZ, 2009a, p. 44.

encontrava, vivia um sacerdote que tinha uma relação carnal com uma mulher do povoado. O caso era do conhecimento de todo o povoado e o sacerdote já havia perdido a fama.

Ao tomar conhecimento disso, Teresa começa a confessar-se com o referido sacerdote. Ele passa a se afeiçoar a ela e a confidenciar-lhe a perdição em que se encontrava. Ela mesma nos relata esses fatos: "Assim, comecei a confessar-me com o sacerdote de que falei; ele se afeiçoou muito a mim... Sua afeição não era má, mas, em seu excesso, deixou de ser boa. [...] Por fim, dada a grande amizade que tinha por mim, começou a me confessar a perdição em que vivia" (V 5,4).

Teresa consegue persuadi-lo do engano em que vivia e o ajuda a abandonar tal situação. Liberto da circunstância que vivenciava, ele passa a ter grande afeto por ela. Teresa considera essa afeição "exagerada", embora pondere, "nunca achei que a sua afeição por mim fosse má, embora pudesse ter sido mais pura" (V 5,6).

Novamente aqui fazemos a mesma pergunta: em que consiste o pecado narrado por Teresa? Para responder a essa questão, precisamos refazer o itinerário dos fatos. Teresa toma conhecimento da situação de pecado em que vivia o sacerdote e começa a confessar-se com ele. Ele passa a desenvolver uma estima por ela. Ela não considera essa afeição má e percebe nessa amizade uma possibilidade de ajudá-lo a sair de tal situação. Passa a corresponder ao afeto recebido, conforme explica: "Eu tinha a grande leviandade e cegueira, que me parecia virtude, de ser grata e pagar na mesma moeda aos que me queriam bem" (V 5,4). Nisso consiste o seu mal, em corresponder ao afeto recebido, colocando-se em situação de perigo, embora já de início tenha esclarecido que estava determinada a não fazer nada grave contra Deus (V 5,4) e que "não seria capaz de cometer o que considerasse pecado mortal" (V 5,6).

No término desse capítulo, Teresa propõe a chave de leitura pela qual interpreta todas essas vivências. Ela conclui enaltecendo que, em todos esses acontecimentos, nunca faltou a mão providente de Deus, conduzindo a sua vida com misericórdia. "Peço que, pelo amor de Deus, essa pessoa em nada diminua as minhas culpas, para que brilhe mais a magnificência de Deus e se perceba o que sofre uma alma. Bendito seja ele para sempre. Queira Sua Majestade que eu antes me consuma a deixar de lhe ter amor" (V 5, 11).

O sexto capítulo trata do agravamento da doença que a levou a quatro dias de paroxismo, oito meses de insuportáveis tormentos e três anos paralítica. Recorda, "quando comecei a andar de gatinhas, louvei a Deus" (V 6,2). Esse tempo de enfermidade é também um período de aprofundamento da vivência oracional. Passa a desejar a solidão para poder tratar com Deus. A oração vai despertando em Teresa a consciência de suas faltas e de sua infidelidade. Ela se dá conta de suas incoerências e fragilidades e lê tudo isso com base na óptica do amor não correspondido. Um drama começa a ser gerado em sua consciência. Descreve:

> Afligia-me a lembrança dos dons que o Senhor me fazia na oração e do muito que lhe devia, e de quão insignificante era a minha retribuição. Essa ideia me perturbava ao extremo, e foram muitas as lágrimas que derramei por minhas culpas, pois via que eu pouco me corrigia; pois não bastavam minhas decisões nem a dor que me vinha para que eu não fraquejasse. Pareciam-me lágrimas enganosas, aumentando a minha culpa, porque eu via a grande graça que o Senhor me dava ao conceder por companhia um tão grande arrependimento (V 6,4).

Em meio a esse esgotamento físico e emocional, Teresa recorre à intercessão de São José, que lhe obtém a graça da cura física.[32] Essa graça, como todas as outras narradas por ela, ajuda a resplandecer a misericórdia de Deus em contraste ao seu pecado. A respeito de São José afirma, "pois ele mostrou quem é ao fazer que eu me levantasse, andasse, e não mais ficasse paralítica. Também eu mostrei quem sou, usando tão mal esse favor" (V 6,8). Do mesmo modo que ao término do capítulo anterior, ela lê esses fatos à luz

32 A invocação a São José, relatada aqui, não é um fato qualquer na autobiografia teresiana, pois ele estabelece um marco na sua história pessoal e, também, possui repercussão na religiosidade popular dos séculos seguintes. A esse respeito, constata Tomás Álvarez: "Na história da religiosidade popular, é famosa a página que Teresa dedica a São José neste capítulo. A ela se deve, em grande parte, a promoção da devoção ao santo na Igreja dos séculos seguintes" (ibid., p. 56).

da misericórdia divina, percebe a mão providente de Deus sustentando a sua vida e se lamenta de ter caído novamente depois de ter recebido tantas graças.[33]

No capítulo sétimo, retoma o relato dos seus pecados, que, como os anteriores, são interpretados por ela sob a óptica da infidelidade amorosa a Deus e da falta de correspondência às graças recebidas. Teresa narra que, após ser curada da enfermidade de que havia padecido gravemente, passa a ser solicitada no locutório para receber visitas. De início não lhe parecia poder provir algum mal dessas jornadas de conversações que eram habituais nesse mosteiro e que se davam com o consentimento da superiora. Mesmo advertida pelo Senhor,[34] continuou por "vários anos nesse divertimento pestilento" (V 7,7).

---

33 "Quem diria que eu cairia tão depressa depois de receber tantas bênçãos de Deus, depois de haver Sua Majestade começado a dar-me virtudes que me estimulavam a servi-lo, depois de, quase morta, correndo o risco da condenação, ter tido a alma e o corpo ressuscitados, provocando a admiração de todos? Que é isso, Senhor meu? Teremos de viver vida tão perigosa? Enquanto escrevo isto, parece-me que, com o vosso favor e a vossa misericórdia, eu poderia dizer, com São Paulo, embora sem tanta perfeição, que: Não sou eu quem vive; é Cristo, Criador meu, que vive em mim. Pelo que sei, vossa mão me sustenta há vários anos; percebo-o agora pelos meus desejos e determinação de nada fazer, por mais insignificante que seja, contra a vossa vontade. E, de algum modo, eu o tenho provado por experiência, nesses anos, em muitas coisas, por pequenas que sejam, não obstante muito tenha ofendido a Vossa Majestade sem o saber" (V 6,9).

34 "Estando com uma pessoa que há pouco conhecera, percebi que o Senhor queria dar-me a entender que aquelas amizades não eram convenientes, alertando-me e me esclarecendo sobre a minha grande cegueira: de fato, eis que vi Cristo representado

Qual é o pecado que lhe causa esse amargo arrependimento? Teresa sente desperdiçar o seu tempo e dissipar o seu afeto de maneira tal que experimenta o enfraquecimento do amor a Deus. Ela está convencida de que a ingratidão é o maior de todos os pecados. Mas, em meio à infidelidade, melhor resplandece a bondade divina. Escreve: "Disse isso para que se entenda a minha maldade, e a grande bondade de Deus, e para que se veja o quanto mereci o inferno por tamanha ingratidão" (V 7,9).

No coração de Teresa se trava uma intensa batalha, sente-se dividida internamente, sem entregar-se totalmente a Deus. A esse respeito confessa: "A minha vida era trabalhosa ao extremo, porque, na oração, eu via melhor as minhas faltas. De um lado, Deus me chamava; do outro, eu seguia o mundo. Davam-me grande alegria todas as coisas de Deus, mas eu me via ligada às do mundo". E acrescenta: "Passei assim muitos anos, a ponto de agora me espantar com o fato de uma criatura poder sofrer tanto tempo sem deixar um ou outro desses contrários" (V 7,17).

A dor aumenta ainda mais, porque, ao invés de sentir-se castigada por Deus por suas infidelidades,

---

diante de mim, com muito rigor, mostrando-me o quanto aquilo lhe pesava. Vi-o, com os olhos da alma, com mais clareza do que o poderia ver com os olhos do corpo. A sua imagem tornou-se tão indelével que até hoje, mais de vinte e seis anos depois, ainda tenho a sensação de vê-lo. Tomada de um profundo temor e de grande perturbação, não quis mais receber a pessoa com a qual me encontrava então" (V 7,6).

vê-se ainda mais agraciada. Teresa faz a experiência desconcertante da graça de Deus que não para no pecado humano. "Castigáveis as minhas faltas com enorme ternura [...] Para mim, era muito mais penoso receber mercês, tendo cometido graves faltas, do que receber castigos [...] Mas ser recebida com ternura outra vez, tendo sido tão ingrata nas anteriores, era um tormento inenarrável para mim" (V 7,19).

Teresa sente o seu coração dividido, de um lado, buscava a fidelidade amorosa a Deus na oração; de outro, as solicitações das visitas de amigos que acodem ao locutório para desfrutar das suas conversações. A divisão chega ao ponto em que ela decide abandonar a oração, pois considera que "não era justo fazer oração mental e relacionar-se tanto com Deus quem merecia estar na companhia dos demônios e enganava os outros, visto que, no exterior, mantinha as aparências" (V 7,1). Essa será considerada por Teresa a maior tentação que o ser humano pode sofrer: abandonar a oração por sentir-se pecador. A oração será o meio pelo qual poderá superar o pecado e, ao abandoná-la, distancia-se da fonte de todo o bem.

O problema de fundo relatado pela autora são os relacionamentos que dispersam e escravizam. Mas nem todos os relacionamentos possuem esses matizes. Por isso, nos parágrafos finais desse capítulo, ressaltará a importância de não caminhar sozinha na vida espiritual e de buscar relações com pessoas que possam ajudar-se mutuamente. Afirma: "Grande mal é estar a alma só entre tantos perigos. Tenho a impressão de que, se tivesse com quem falar disso tudo, eu teria tido ajuda para não fraquejar outra vez, ao menos por vergonha, já que, com relação a Deus, já não a tinha". Daí seu conselho: "Por isso, eu aconselharia aos que têm oração que, especialmente no princípio, procurem ter amizade e relações com pessoas que se ocupem da mesma coisa" (V 7,20).

A oração como lugar privilegiado da misericórdia divina

O capítulo oitavo é crucial no itinerário proposto pela autora, de forma a parecer que os relatos anteriores da sua má vida estavam orientados para o que agora irá dizer. Teresa foi relatando os seus pecados para que melhor resplandecesse a misericórdia divina. Agora ela quer indicar o meio pelo qual podemos melhor acolher e corresponder às graças divinas. O tema central desse capítulo será a oração.[35]

---

[35] "Houve uma causa para que eu insistisse tanto em relatar essa época da minha vida. Sei bem que não agrada a ninguém ver coisa tão ruim, e, por certo, eu gostaria que os que lessem isto me detestassem ao ver uma alma tão teimosa e ingrata para com quem tantas graças lhe tem dado. Gostaria de ter permissão para falar das muitas vezes que, nessa época, falhei diante de Deus, por não me ter apoiado na forte coluna da oração" (V 8,1). "Eu me estendi tanto, como já disse, para que se vejam a misericórdia de Deus e a minha ingratidão, bem como para que se compreenda o grande benefício que Deus dá à alma, dispondo-a a ter oração com vontade, mesmo que a sua disposição não seja a necessária" (V 8,4).

No capítulo anterior, Teresa já nos havia colocado a par da divisão interna em que se encontrava o seu coração. No final do capítulo, disse que voltara a orar, após ter abandonado a oração por um tempo. Aqui ela retoma essa divisão e vê como grande misericórdia haver tido ânimo de retomar o caminho oracional.[36] Para Teresa, a oração é um grande bem, do qual ninguém se deve privar por mais pecados que tenha cometido.[37]

Apresentada a sua tese, Teresa vê-se na necessidade de definir o que ela entende por oração. Aqui surge a clássica definição teresiana que situa a oração no âmbito relacional e afetivo. Escreve: "Para mim, a oração mental não é senão tratar de amizade – estando muitas vezes tratando a sós – com quem sabemos que nos ama" (V 8,5). Portanto, a oração, que é fonte de grandes bens, é o relacionamento amistoso da criatura com o seu Criador num ambiente de encontro, solidão e amizade.

Tomás Álvarez destaca a originalidade dessa definição teresiana. Escreve:

---

36 "Porém, vejo claramente a grande misericórdia do Senhor ao me dar ânimo para orar enquanto eu tratava com o mundo. Digo ânimo, porque não creio que haja na terra algo que exija mais coragem do que trair o rei, sabendo que ele o sabe, sem conseguir sair de sua presença" (V 8,2).

37 "Por isso, peço aos que ainda não começaram que, por amor a Deus, não se privem de tanto bem. Não há o que temer, mas o que desejar. Porque, mesmo que não vá adiante nem se esforce pela perfeição, a ponto de merecer os gostos e regalos que Deus dá aos perfeitos, ao menos irá conhecendo o caminho que leva ao céu. Se perseverar, tudo espero da misericórdia de Deus, pois ninguém fez amizade com ele sem dele obter grande recompensa" (V 8,5).

> Teresa surpreende o leitor com uma versão um tanto inesperada da oração na pena de uma mulher que não é teóloga, nem filósofa, nem biblista. Certamente, uma "noção" que ela não extraiu dos livros - dos muitos livros lidos sobre o assunto -, mas de sua jornada experiencial como mulher aberta ao transcendente. Para ela, a oração é uma questão de amigos.[38]

A oração teresiana aponta para um Deus que ama o ser humano e se entretém com ele num trato de amizade. A oração é o lugar privilegiado para fazer a experiência da misericórdia divina, onde Deus revela seu rosto misericordioso e compassivo. Para Teresa, tão afetiva e dilacerada por esses afetos, a oração se torna um espaço de unificação interior, em que o transbordante amor de Deus apazigua toda sede de estima. Ela experimenta a oração como lugar de liberdade da escravidão dos seus afetos e plenitude amorosa de Deus. Esse amor misericordioso de Deus pacifica sua alma inquieta.

O nono capítulo é o ápice desse itinerário traçado pela autora. A oração irá levá-la a experimentar algumas graças místicas. Assim, o capítulo marca o fim da luta ascética e o início da vida mística. Para melhor entender o conteúdo teológico desse relato, precisamos voltar ao final do capítulo anterior, onde Teresa escrevia:

> Eu suplicava ao Senhor que me ajudasse; mas, pelo que vejo agora, eu não depositava total confiança em

---

38 ÁLVAREZ, 2009a, p. 66.

> Sua Majestade nem perdia de todo a que punha em mim. Eu procurava soluções, fazia esforços; mas ainda não compreendia que isso de nada serve se, mesmo não confiando por inteiro em mim, eu não pusesse a confiança em Deus (V 8,12).

Teresa encontra-se em um momento crucial da sua vida mística que lhe permite perceber o equívoco no qual estava alicerçando a sua espiritualidade. Afirma ela: "[...] eu não depositava toda a confiança em Sua Majestade nem perdia de todo a que punha em mim" (V 8,12). Após o encontro com Cristo chagado, afirma: "Mas esta última vez, com a imagem de que falei, parece-me ter sido mais proveitosa, porque eu já desconfiava muito de mim mesma e depositava toda a minha confiança em Deus" (V 9,3). A passagem de colocar a confiança em si para confiar em Deus ocorre graças à experiência da misericórdia. Essa experiência da misericórdia permitiu a confiança e o abandono nas mãos de Deus.

Essa conversão, embora de grande importância no seu itinerário espiritual, não é a definitiva. Ela precisará seguir o caminho da oração para chegar à plena maturidade afetiva e cristã. Os afetos que sempre lhe transbordavam serão ordenados à medida que cresce a primazia da amizade com Cristo, não como exclusiva ou excludente, mas como fonte da qual nascem todos os outros afetos. A esse respeito, constata Álvarez: "Sua liberação emocional foi, ao mesmo tempo, unificadora. De agora em diante, ela será uma enamorada de Cristo. Centrada nele, com amores que irradiam dele para inúmeros amigos dos dois. Mas amigos e amizades não convergentes para ela, mas para ele".[39]

Chaves de leitura para a compreensão da misericórdia

Para uma compreensão adequada dos escritos teresianos, é imprescindível analisar a sua intencionalidade literária. Uma leitura rápida e superficial poderia chegar a conclusões equivocadas. Com respeito ao vocabulário, Teresa é filha da sua época, pois utiliza expressões comuns, mas, quanto ao estilo redacional, possui certa peculiaridade. Ela escreve de forma dialogal, estabelecendo uma conversa com o seu leitor. Uma primeira chave de leitura é perceber a ênfase dada na sua condição de mulher, pecadora e ruim. Tais expressões servem para contrastar com a ação misericordiosa de Deus.

Uma segunda chave de leitura para compreender o texto teresiano é lê-lo a partir do encontro pessoal com Jesus Cristo. Esse encontro é um divisor de águas na vida de Teresa. Jesus Cristo irrompe na sua história pessoal como verdadeiro amigo, que chama ao trato de amizade e a introduz no mistério trinitário. Ela está convicta da importância de meditar sobre a humanidade de Nosso Senhor Jesus Cristo, ante as posturas espiritualistas que rejeitam a Encarnação.

---

39 Ibid., p. 223.

O recurso de linguagem para acentuar a misericórdia divina

O leitor que toma em suas mãos o Livro da Vida já na primeira linha se depara com uma expressão enigmática, "não fosse eu tão ruim" (V 1,1). A mesma queixa se repete reiteradas vezes em outras páginas da sua obra, levando o seu interlocutor a perguntar-se no que consiste essa ruindade. Para o nosso estudo, é importante verificar o significado dessas expressões no conjunto do seu pensamento.

Analisaremos as seguintes hipóteses: essas expressões estariam indicando uma visão negativa do ser humano; elas são um recurso de linguagem para tornar a sua obra aceitável num ambiente nada propício para uma mulher escrever; tais expressões possuem um significado teológico no conjunto do seu pensamento.

Os termos: "mulher", "ruim" e "pecadora" podem levar-nos a concluir que Teresa possui uma visão negativa de si mesma e, portanto, do ser humano. No entanto, as primeiras páginas da sua obra Castelo Interior apontam para uma outra visão do ser humano totalmente positiva. Ela escreve: "Falo de considerar a nossa alma como um castelo todo de diamante ou de cristal muito claro onde há muitos aposentos, tal como no céu há muitas moradas. A bem da verdade, irmãs, não é outra coisa a alma do justo senão um paraíso onde ele disse ter suas delícias". E, na sequência, acrescenta: "Não encontro outra coisa com que comparar a grande formosura de uma alma e a sua grande capacidade" (1M 1,1).

O pensamento teresiano ressalta que o ser humano está dotado de uma interioridade onde o próprio Deus estabelece a sua morada e, desde essa interioridade, chama-o para uma relação interpessoal no amor. Portanto, cada pessoa humana goza de uma singular dignidade, mesmo que, ao longo da sua existência, não corresponda a esse chamado ou não aprofunde essa relação. Desse modo, precisamos buscar em outro lugar o sentido desse acento em sua ruindade.

Juan Antonio Marcos, no seu estudo sobre as estratégias retóricas da obra teresiana, afirma: "Tudo o que Teresa escreve tem sempre um propósito. Não há nada nela que não seja intencional. Tudo obedece a uma estratégia que busca (que necessita) subverter o discurso".[40] Mas qual o motivo para essa subversão? Recordemos que os primeiros destinatários da sua obra são teólogos censores e que a Inquisição seguia vigiando e sentenciando quem se distanciasse das normativas do Concílio de Trento.

A origem judeu-conversa de Teresa, as graças místicas que recebia, a sua missão de fundadora de uma família religiosa e a sua valentia ao escrever sobre temas delicados como a vida espiritual lançavam sobre ela uma grande suspeita. Quando Teresa escreve, tem na mente esse contexto hostil e procura com liberdade

40 MARCOS, 2001, p. 13.

e sagacidade expor suas ideias sem abandonar a sua condição filial em relação à Igreja.

Nesse caso, as expressões "mulher", "pecadora" e "ruim" podem ser consideradas como um recurso de linguagem para introduzir no discurso uma pitada de humildade e submissão e, assim, assegurar a tutela eclesiástica sobre a sua obra. Embora esse argumento tenha a sua validade, não é suficiente para justificar o peso que essas afirmações têm no conjunto do pensamento teresiano. Acreditamos que tais expressões têm um valor teológico e fazem parte do itinerário místico traçado pela autora. Teresa procura ressaltar a sua ruindade para que melhor resplandeça a misericórdia de Deus, assim, ela se entende como uma pecadora agraciada.

Iniciemos analisando o termo "mulher" que, no conjunto do pensamento teresiano, designa uma condição de menoridade, não na sua essência, mas como produto cultural do pensamento vigente. Teresa é conhecedora dos preconceitos sociais que impedem o pleno desenvolvimento da mulher. Sente-se de mãos atadas para corresponder às graças de Deus, reivindica um lugar na Igreja e trabalha para a sua renovação. Teresa queixa-se diante de Deus em razão dessa condição: "Por vezes, aflita, eu dizia: Senhor meu, como me ordenais coisas que parecem impossíveis? Se eu, mesmo sendo mulher, ao menos tivesse liberdade! Mas, atada por todos os lados, sem recursos e sem ter aonde buscá-los" (V 33,11).

O texto mais emblemático dessa defesa encontra-se no livro Caminho de Perfeição. Esse texto causou grande impacto no primeiro leitor – um teólogo censor –, que resolveu riscá-lo completamente, impedindo, assim, a sua leitura durante séculos. Nas últimas décadas se conseguiu resgatar o que estava escrito. Nele Teresa faz uma crítica aos juízes deste mundo (inquisidores), que são injustos e perseguem as mulheres, ao contrário de Jesus, que acolhia e se comprazia com elas.[41]

Não nos parece correto atribuir a Teresa um feminismo precoce, aos moldes do que encontramos hoje, pois suas reivindicações estão bem longe das pautas feministas de nossos tempos, além disso, conforme

41 "Pues no sois vos, Criador mío, desagradecido para que piense yo daréis menos de lo que os suplican, sino mucho más; ni aborrecisteis, Señor de mi alma, cuando andabais por el mundo, las mujeres, antes las favorecisteis siempre con mucha piedad y hallasteis en ellas tanto amor y más fe que en los hombres, pues estaba vuestra sacratísima Madre, en cuyos méritos merecemos, y por tener su hábito, lo que desmerecimos por nuestras culpas. ¿No basta, Señor, que nos tiene el mundo acorraladas e incapaces para que no hagamos cosa que valga nada por vos en público no osemos hablar algunas verdades que lloramos en secreto, sino que no nos habíais de oír petición tan justa? No lo creo yo, Señor, de vuestra bondad y justicia que sois justo juez y no como los jueces del mundo, que como son hijos de Adán y, en fin, todos varones, no hay virtud de mujer que no tengan por sospechosa. Sí, que algún día ha de haber, Rey mío, que se conozcan todos. No hablo por mí, que ya tiene conocido el mundo mi ruindad, y yo holgado que sea pública, sino porque veo los tiempos de manera que no es razón desechar ánimo virtuosos y fuertes, aunque sean de mujeres" (CE 4,1). O texto se mostra de difícil tradução e, para não alterar a sua força literária, preferimos mantê-lo no original.

afirma Banbridge, "provavelmente ela não chegou a ter consciência do machismo de fundo, dominante naquele mundo social e religioso... Mas, em troca, há no ambiente aspectos antifeministas aos quais ela se enfrenta".[42] Teresa reage ante um corpo eclesiástico que lhe impede de atuar a nível eclesial e social, ela reivindica o direito das mulheres à vida espiritual. Está convencida de que todos precisam encontrar espaço na estrutura eclesial para servir a Deus.

Para o nosso estudo, é importante perguntar se a condição de mulher tem algum significado teológico no pensamento da autora. Teresa utiliza-se do conceito vigente da mulher como ser frágil, fraco e limitado, para justificar as abundantes graças de Deus. Desse modo, inverte os valores culturais e sugere que as mulheres são mais aptas para a vida mística. Ela recorre à autoridade do Frei Pedro de Alcântara para apresentar essa tese:

> O Senhor concede essas graças muito mais a elas (mulheres) do que aos homens, como me disse o santo Frei Pedro de Alcântara e como eu mesma observei. Para ele, nesse caminho elas (mulheres) vão mais longe do que eles (homens); ele apresentava excelentes razões, todas em favor das mulheres, que não é preciso repetir aqui (V 40,8).

Desconhecemos as excelentes razões apresentadas pelo Frei Pedro de Alcântara, mas o certo é que

42 BANBRIDGE, 2009, p. 516.

Teresa está plenamente de acordo com a teoria de que as mulheres estão mais aptas do que os homens para o caminho da oração.

À condição de mulher, acrescenta a condição de pecadora[43] e ruim.[44] No prólogo do Livro da Vida, manifesta o seu desejo de contar os seus "grandes pecados e vida ruim" (V Pról 1). A insistência que Teresa tem de se apresentar como pecadora não deve ser entendida apenas como uma atitude de humildade. Ela deve ser entendida com base no seu intuito pedagógico de levar outras pessoas a fazer a experiência da

---

43 "Sua soberana grandeza não via os grandes pecados, mas sim os desejos que eu muitas vezes tinha de servi-lo e o pesar por não ter em mim forças para levá-lo a efeito" (V 7,18); "eu lhe pedia apenas que me desse graças para que não o ofendesse e que perdoasse os meus grandes pecados" (V 9,9); "Nesses momentos, só tenho o desejo de que isso aconteça; não me lembro do purgatório, nem dos grandes pecados que cometi, pelos quais mereceria o inferno" (V 20,13); "Tudo isso se deve ao fato de eu ter sido tão pecadora, o que ainda sou" (V 28,16).

44 "Quisera eu que, assim como me mandaram e deram ampla licença para escrever o modo de oração e as mercês que o Senhor me tem concedido, também me dessem para que, com muita frequência e clareza, dissesse os meus grandes pecados e vida ruim... Fui tão ruim que não encontro santo dentre os que voltaram para Deus com quem me consolar" (Pról V 1); "Não fosse eu tão ruim, bastaria ter pais virtuosos e tementes a Deus como favor do Senhor para que fosse boa" (V 1,1); "Por piores e mais imperfeitas que fossem as minhas obras, o Senhor as melhorava, aperfeiçoava e tornava meritórias, apressando-se a esconder minhas faltas e pecados" (V 4,10); "E eu tinha a impressão de que era melhor andar como os muitos. Porque, em ser ruim, eu era das piores" (V 7,1); "Reconheço ser mais fraca e ruim que todos os nascidos" (V 7,22); "A minha alma já estava cansada e, embora quisesse, seus ruins costumes não a deixavam descansar" (V 9,1).

misericórdia de Deus. "Bendito seja ele para sempre, que tanto me esperou" (V Pról 2), dirá Teresa no prólogo. Por isso, a essa consciência de pecadora deve-se acrescentar a consciência de agraciada. Aliás, é a experiência da graça que lhe desperta para a condição de pecadora.

Quanto mais Teresa ressalta a sua condição de pecadora e ruim, mais enaltece a misericórdia de Deus. Um remete ao outro e revela quem o outro é. A esse propósito, afirma Teresa: "Isso manifesta ainda mais quem sois vós, Esposo meu, e quem sou eu. Pois é verdade que muitas vezes o sentimento de minhas grandes culpas é temperado pelo contentamento que me dá a compreensão da multiplicidade das vossas misericórdias" (V 4,3). Assim, ela reconhece quem Deus é, a partir do seu agir no concreto da sua história.

O encontro com a humanidade de Nosso Senhor Jesus Cristo

Teresa de Jesus realiza uma experiência progressiva do mistério de Deus. Podemos identificar três momentos: experiência de Deus de forma difusa e geral, marcada por um sentimento da presença de Deus; experiência de Cristo como amigo, acentuando a sua sacratíssima humanidade, e experiência trinitária, através da inabitação e da relação com as pessoas divinas. A experiência de Teresa testifica que "a vida cristã é vida de Deus em nós, participação do mistério de Cristo, comunhão com a Trindade".[45]

No entanto, nesse itinerário de vida cristã, a humanidade de Nosso Senhor Jesus Cristo está sempre presente como caminho seguro.[46] Para ela, não há nenhum estágio da vida mística no qual se possa prescindir desse dado da revelação cristã. Teresa opõe-se à corrente espiritualista, de cunho neoplatônico, segundo a qual a alta contemplação prescinde de formas corpóreas e, consequentemente, no mais elevado estágio da vida mística dever-se-ia abandonar a humanidade de Jesus, por ser vida corpórea, para que a alma pudesse entrar na pura divindade.

O capítulo 22 do Livro da Vida é uma defesa doutrinal da humanidade de Jesus Cristo como caminho seguro na vida espiritual. Teresa intitula esse capítulo, indicando a sua tese: "Diz que o caminho mais seguro para os contemplativos é não elevar o espírito a coisas superiores se o Senhor não o levanta, e que o meio para a contemplação mais sublime é a Humanidade de Cristo" (V 22). Ela inicia o capítulo fazendo uma síntese do que havia lido e escutado de alguns mestres espirituais: "Esses livros insistem em que se deve afastar toda imaginação corpórea,

---

45 CASTELLANO, 2002, p. 209.

46 "Por humanidade de Jesus ela entende sua história evangélica, sua Paixão, suas palavras, divino e humano juntos, porém historicamente realizado em sua condição humana, compreendido o seu corpo, primeiro passível e depois ressuscitado" (ÁLVAREZ, 2011, p. 225).

chegando-se a contemplar a Divindade; eles afirmam que, para quem chegou tão longe, mesmo a Humanidade de Cristo é um embaraço e um empecilho à contemplação mais perfeita" (V 22,1).

Teresa, a partir da sua experiência pessoal, opõe-se a tal postulado e alerta para o perigo que pode levar ao se afastar de Jesus Cristo. Dirá: "Não somos anjos, pois temos um corpo; querer ser anjo estando na terra – ainda mais do modo como eu estava – é um disparate" (V 22,10). Ela está convicta de que "todos os bens" provêm de Cristo (V 22,4.5), pois ele é "bom amigo", "amigo verdadeiro" e, por isso, "temos de entrar por essa porta se queremos que a soberana Majestade nos revele grandes segredos" (V 22,6). Ela exorta o próprio censor, o Padre García de Toledo, a tomar esse caminho na sua vida de oração, "não deseje outro caminho, mesmo que esteja no auge da contemplação, pois esse caminho é seguro" (V 22,7).

Desse modo, Teresa advoga não só a favor da centralidade de Cristo na vida espiritual, mas, também, da relação pessoal com ele como dado imprescindível da vida cristã.[47] Experimenta a Cristo vivo, presente, atuante, como mestre interior e como esposo de sua alma. A cristologia teresiana possui

---

[47] Jesus Castellano ressalta o personalismo do encontro com Deus. "Os teólogos observaram bem o personalismo da graça que supera uma velha concepção material e 'coisificada' da participação na vida divina; a graça é alguém. Na experiência teresiana, prevalece esta orientação pessoal do encontro com Deus" (CASTELLANO, 2002, p. 210).

caráter esponsal com inspiração no modelo bíblico do Cântico dos Cânticos.

Tomás Álvarez, comentando a dimensão esponsal da cristologia teresiana, afirma: "A Santa (Teresa de Jesus) insistirá, com um toque feminino, na beleza de Cristo, no seu rosto, nos seus olhos, em suas mãos, nas palavras da sua boca".[48] Teresa, diante da formosura de Jesus, sente-se chamada à união com ele. Ela expressa em versos poéticos esse despertar para o amor: "Formosura que excedeis a todas as formosuras, sem ferir, que dor fazeis! E sem magoar desfazeis o amor pelas criaturas. Ó laço que assim juntais dos seres tão diferentes, por que é que vos desatais se atando, em gozo trocais as dores as mais pungentes?" (P 4). A celebração do matrimônio espiritual, narrada pela autora, traz profundos traços cristológicos que merecem ser ressaltados.

O fato aconteceu no Mosteiro da Encarnação: durante a comunhão, o Frei João da Cruz, sabendo que Madre Teresa gostava de comungar com a forma grande, partiu a hóstia ao meio para mortificá-la. Jesus vem em defesa de Teresa, conforme ela nos narra:

> Então o Senhor me foi representado numa visão imaginária, como em outras vezes, bem no meu íntimo; dando-me sua mão direita, disse-me: "Olha este cravo, é sinal de que serás minha esposa de hoje em diante. Até agora não o tinhas merecido; doravante, defenderás minha honra não só como Criador, como

---

48 ÁLVAREZ, 1996a, p. 42.

> Rei e como teu Deus, mas como verdadeira esposa minha: minha honra é a tua, e a tua, minha" (Rel 35).

A narração está cheia de simbolismo de profundo cunho teológico. A graça mística do matrimônio espiritual ocorre dentro da liturgia da Igreja, no momento da comunhão eucarística. A Eucaristia é a celebração da nova e eterna aliança, selada por Jesus na cruz. Teresa celebrará uma aliança com Jesus nos mesmos moldes da aliança de Deus com o seu povo. No relato Jesus estende a mão direita, recordando a sua dimensão corpórea, opondo-se a um espiritualismo desvinculado do Jesus histórico.

O símbolo dessa aliança não é o anel, mas o cravo, que recorda a crucificação e participação nos sofrimentos de Cristo. Como esposa, participará da sorte de seu esposo. O matrimônio espiritual introduz Teresa na dinâmica do serviço: "cuidará das coisas do seu esposo" como se fossem suas e ele cuidará das suas.

Teresa contempla a Cristo vivo e atuante na sua vida, ressaltando diversas facetas dessa presença. Tomás Álvarez aponta cinco facetas mais relevantes, extraídas das obras teresianas. Antes de tudo, para ela Jesus é o servo de Iahweh, em quem contempla o mistério de seu aniquilamento e que se solidariza com suas dores. Mas a soberania de Jesus não se pode diluir no seu abaixamento, assim, Teresa faz eco de todas as expressões medievais para referir-se ao mistério da onipotência divina. Outro elemento destacado é a beleza absoluta de Jesus, a qual ela não se cansa de proclamar. Ele é também o Mestre que instrui no interior e que revela seus mistérios. Por fim, refere-se a Jesus como esposo, ressaltando o seu amor e a sua entrega por toda a humanidade.[49]

Teresa não é teóloga, a sua cristologia parte da experiência feita com Jesus Cristo na sua vida de oração. Jesus apresentou-se para ela como "livro vivo", onde entende "verdades".[50] A verdade que ela intui nessa relação é o amor misericordioso de Deus que perdoa e reconcilia consigo. Jesus é o servo sofredor, que, por meio dos seus padecimentos, revela o seu amor gratuito pela humanidade. A experiência da misericórdia em Teresa é a própria experiência de Jesus Cristo.

49 ÁLVAREZ, 2011, p. 224-225.

50 "Senti muito quando se proibiu a leitura de muitos livros em castelhano, porque alguns muito me deleitavam, e eu não poderia mais fazê-lo, pois os permitidos estavam em latim; o Senhor me disse: Não sofras, que te darei livro vivo. Eu não podia compreender por que ele me dissera isso, pois ainda não tinha tido visões. Mais tarde, há bem poucos dias, o compreendi muito bem, pois tenho tido tanto em que pensar e em que me recolher naquilo que me cerca, e tenho tido tanto amor do Senhor, que me ensina de muitas maneiras, que tenho tido muito pouco ou quase nenhuma necessidade de livros. Sua Majestade tem sido o livro verdadeiro onde tenho visto as verdades. Bendito seja esse livro, que deixa impresso na alma o que se há de ler e fazer, de modo que não se pode esquecer!" (V 26,5).

3. Teologia narrativa no Livro da Vida

O estudo do Livro da Vida de Teresa de Jesus permitiu perceber a densidade teológica dos seus relatos. O desafio que emerge dessa constatação é como integrar esse conteúdo de cunho experiencial com a discussão teológica atual. Como a experiência e a doutrina teresiana podem enriquecer a Teologia contemporânea? Um caminho de diálogo é possível se considerarmos a importância de uma Teologia narrativa, capaz de restaurar a divisão entre vivência religiosa e formação doutrinal. O presente capítulo se propõe a apresentar a Teologia narrativa a partir da sua origem conceitual e fazer alguns indicativos da contribuição teológica do Livro da Vida.

Teologia narrativa

A Teologia, enquanto ciência, procura se desenvolver no diálogo com as outras ciências. Ela se enriquece à medida que dialoga com as discussões que provêm dos outros saberes. Assim, o questionamento trazido pela linguística sobre o desaparecimento da figura do narrador permitiu que a Teologia retomasse um elemento essencial da sua tradição: a narração.

Se retomarmos a narração como uma forma de fazer Teologia, então, poderemos resgatar as biografias de personalidades exemplares como fonte de pesquisa e estudo. Esta seção se propõe a analisar a possibilidade de diálogo entre a experiência religiosa, narrada nas biografias dos santos, e as formulações teológicas.

Redescoberta do elemento narrativo na Teologia

O artigo do linguista alemão Harald Weinrich, na revista *Concilium*, em 1973, onde preconizava uma Teologia narrativa, trouxe para o âmbito da Teologia uma discussão já corrente no âmbito da Literatura e da Filosofia, em que se alerta para o desaparecimento do narrador na cultura moderna. Walter Benjamin, no ensaio *O contador de histórias*, afirmava: "Embora seu nome soe familiar, o contador de histórias não está mais presente entre nós em sua eficácia viva. Ele é para nós algo já longínquo, e fica cada vez mais distante". A consequência dessa ausência, alerta Benjamim, "é como se tivéssemos sido privados de uma faculdade que nos parecia inalienável, e era a mais segura entre todas: a faculdade de trocar experiências".[1] A ausência do contador de histórias (narrador) dá-se, em boa medida, de um lado, pela identificação de narrativas como linguagem mítica e, de outro lado, por considerar o raciocínio lógico a única fonte de

1 BENJAMIN, 2019, p. 19-20.

verdade. Verdadeiro passa a ser tudo que se enquadra em raciocínios lógicos, tudo que é demonstrado de forma científica. Por isso, Weinrich critica o caráter cientificista da Teologia que exclui a narração como expressão teológica.

O linguista alemão se pergunta: "Por que não posso contar uma história numa revista teológica, quando Jesus de Nazaré passou grande parte de sua vida pública contando histórias?".[2] Embora existam nas Sagradas Escrituras textos de diversos estilos e formas, não há como negar que boa parte deles são textos narrativos, inclusive os de maior importância religiosa. Nesse sentido, Weinrich faz notar que "Jesus de Nazaré se apresenta a nós como pessoa narrada, porém mais frequentemente como narrador narrado, enquanto os discípulos aparecem como ouvintes de narrações que, por sua vez, repetem e continuam a narrar, oralmente ou por escrito, as histórias ouvidas".[3]

Jesus de Nazaré, em sua vida pública, escolhe o gênero literário de parábola para narrar fatos e integrar o anúncio evangélico com a vida cotidiana. Os discípulos se caracterizam pela escuta do Mestre, que não se reduz a sentar-se e ouvir sua voz, mas a colocar em prática os seus ensinamentos. Os apóstolos, dando continuidade à missão de Jesus, continuaram narrando os feitos e ensinamentos de Jesus, fazendo do Cristianismo uma comunidade de narração.

---

2 WEINRICH, p. 211, 1973.

3 Ibid., p. 212-213.

No entanto, o Cristianismo perdeu a sua inocência narrativa no contato com a cultura grega, onde a narração pertence ao âmbito do mito e, por isso, é considerada oposta ao *logos*. O imenso trabalho especulativo dos Padres da Igreja pode ser visto como uma legítima necessidade de inculturação ante a cultura helênica, mas acabou lançando as bases para uma teologia meramente especulativa e contrária à narração. A Escolástica sedimentou essa tendência ao introduzir categorias da Filosofia aristotélica na Teologia.

Com isso, dado que boa parte do cânon das Escrituras é formada por histórias, a Teologia passou ao contrassenso de transformar as histórias transmitidas pela Tradição em não histórias. Mesmo a Encarnação, expressão máxima de que Deus assume a história humana, foi submetida à lógica especulativa. Assim, conforme constata Weinrich, "longe de ser 'narrativizado' o *logos*, foram 'logicizados' os relatos bíblicos".[4] A exceção parece ser o acontecimento pascal – ele ressuscitou! –, que se torna acontecimento narrado por excelência e fundamento de todos os outros relatos posteriores na fé cristã. O que Weinrich propõe não é o fim da aliança entre Teologia e Ciência histórica, mas uma crítica à Teologia meramente argumentativa.

A mesma crítica podemos encontrar no pensamento de Johann Baptist Metz, que publicou, na mesma edição da revista *Concilium*, um artigo com o título de "Breve apologia da narração". Metz ressalta a

4 Ibid., p. 215.

ligação inseparável entre narração e experiência. Tanto a experiência do povo com o Deus da Aliança como a experiência dos apóstolos com o Ressuscitado chegam até nós por meio de narrações. Por isso, "a teologia tem que lidar com algumas experiências originais cuja articulação linguística apresenta sinais claros de uma estrutura narrativa".[5] Assim, a Teologia não pode excluir ou desqualificar a narração, sem correr o risco de desprezar as suas experiências originárias.

Metz ressalta o sentido prático e performativo da narração como elemento fundamental da revelação bíblica. A narração bíblica não só comunica uma experiência, mas envolve os ouvintes no relato dessa experiência de uma tal maneira, que passa a ser um convite à prática. Portanto, a narração tem uma força impulsionadora da ação. Ela transforma-se, assim, em um "sacramento" – *signum efficax* – em certo sentido, pois se torna um sinal eficaz da salvação. A narração da revelação bíblica não só narra a salvação, mas conduz quem escuta o relato à salvação.

Para o autor, os grupos marginais e determinados movimentos e seitas presentes em nossa sociedade contribuem de forma indireta para a Teologia, à medida que preferem a narração em invés da argumentação. Nesses grupos, privilegia-se o testemunho como ação de Deus narrada na vida do sujeito; não se detêm em especulações ou definições de ordem dogmática. Mesmo em meio às ambiguidades que tais grupos

---

[5] METZ, p. 223-224, 1973.

carregam, eles recordam, de certa maneira, a dimensão narrativa própria do Cristianismo.

Metz se pergunta a esse respeito:

> Estes grupos marginais não apelam precisamente ao potencial narrativo, muitas vezes contido e escondido e frequentemente esgotado? Não nos recordam de certo modo, pelo seu modo de ser, a dimensão narrativa própria do Cristianismo e, sobretudo, que o Cristianismo não é antes de tudo uma comunidade de argumentação e interpretação, mas uma comunidade de narração, e que a troca da experiência da fé, como toda nova experiência original, não assume a forma de um argumento, mas de uma narração. E não é tudo isso aplicável de maneira particularmente convincente àqueles grupos religiosos marginais que, em sua relutância em compartilhar a linguagem usual dos ritos e dos teólogos, preferem permanecer em silêncio ou se desviar para formas de expressão quase sem palavras?[6]

Não se trata apenas de ressaltar a importância pedagógica da narração como forma de transmitir valores e ensinamentos, mas de resgatar o sentido teológico da narração. Para Metz, a mediação entre salvação e história se dá por meio da narração. Ele defende o postulado de uma teologia rememorativa e narrativa que, ao atualizar a memória da recordação perigosa da morte e ressurreição de Jesus, seja fonte de salvação para os que sofrem hoje.

Uma contribuição significativa na fundamentação da Teologia narrativa provém do ensaio escrito

---

6 Ibid., p. 228.

por Guido Vergauwen. Para o autor, a Constituição dogmática *Dei Verbum* introduziu um acento novo na Teologia da revelação. A partir do Concílio Vaticano II, a Revelação não é mais apresentada como um corpo de verdades doutrinais comunicadas por Deus, mas como a automanifestação de Deus na história da salvação. Ao se realizar na história, a Revelação dá lugar a um relato. Vergauwen utiliza a terminologia proposta por M. Seckler para falar dessa mudança de paradigma. Passou-se do modelo "revelação-instrução" para "revelação-comunhão".[7]

A *Dei Verbum* ressalta que Deus, mais do que revelar verdades, ou seja, um conteúdo abstrato, quis "revelar-se a si mesmo" e o "mistério de sua vontade", a fim de convidar os seres humanos a se tornarem "participantes da natureza divina" e chegarem "à comunhão com ele" (DV 2). Assim, a Revelação não é uma instrução sobre uma verdade abstrata e conceitual, mas a automanifestação de Deus na história da salvação. O objetivo da revelação não é outro, senão conduzir a criação inteira à comunhão divina.

Vergauwen destaca que "a autorrevelação ou autocomunicação divina não se realiza sem a mediação histórica de toda uma economia (obras e palavras) que se concentra definitivamente em Jesus Cristo, o Verbo feito carne".[8] Jesus Cristo é o mediador que comunica a salvação divina e revela o rosto amoroso do Pai. Ao

---

7 VERGAUWEN, 1993, p. 591.

8 Ibid., p. 592-593.

tomarmos a sério esse dado, passamos a valorizar a narração enquanto forma comunicativa da Revelação. Assim, é tarefa da Teologia pós-conciliar ressaltar a ligação estreita entre Revelação e narração na superação equivocada de uma teologia meramente argumentativa.

Outro documento da Igreja que corrobora para a importância de uma teologia narrativa provém da Pontifícia Comissão Bíblica, *A interpretação da Bíblia na Igreja*. Embora não use o termo "teologia narrativa", esse documento utiliza ora o termo "análise narrativa", ora "exegese narrativa". No entanto, ressalta que a mensagem bíblica corresponde à forma de relato e testemunho. Assim, "o Antigo Testamento, efetivamente, apresenta uma história da salvação cujo relato eficaz torna-se substância da profissão de fé, da liturgia e da catequese". No Novo Testamento, "a proclamação do querigma cristão compreende a sequência narrativa da vida, da morte e da ressurreição de Jesus Cristo". Nas primeiras comunidades cristãs, "a catequese apresenta-se, ela também, sob a forma narrativa".[9]

O documento observa que a natureza narrativa e testemunhal dos textos bíblicos conduz o ouvinte à adesão da fé. Ele reconhece que o relato bíblico contém um apelo existencial dirigido ao leitor. Assim, "conta-se a salvação" (aspecto informativo do relato) e "conta-se em vista da salvação" (aspecto de desempenho). No entanto, pede para a análise narrativa "evitar uma possível tendência a excluir toda

[9] PONTIFÍCIA COMISSÃO BÍBLICA, 2004, p. 50.

elaboração doutrinária dos dados que contêm os relatos da Bíblia", pois levaria a um "desacordo com a própria tradição bíblica que pratica esse gênero de elaboração, e com a tradição eclesial que continuou nesta via".[10]

Biografia como Teologia e Teologia como biografia

O postulado de uma Teologia narrativa permite que nos aproximemos de uma "teologia da vida". Deus perdura a sua ação salvífica na existência peculiar de cada pessoa humana, tornando-a lugar da manifestação de Deus. Aqui se pode pensar num caminho de mão dupla: Teologia como biografia e biografia como Teologia. Ao analisarmos esse caminho, procuramos integrar o corpo dogmático com a vida concreta do fiel que professa a fé. A dissociação entre ambos leva a uma esquizofrenia entre fé e vida.

Metz propõe Karl Rahner como um paradigma de uma teologia como biografia. O autor acredita que Rahner conseguiu colocar fim ao cisma entre sistema teológico e experiência religiosa, entre dogmática e biografia, entre dogmática e mística. Assim, "a obra de Karl Rahner pode ser entendida como um esboço de um dogma histórico-vital para nossos dias, como uma biografia mística de um cristão hoje".[11] Analisando a

---

10 Ibid., p. 53.
11 METZ, p. 214, 1976.

obra de Rahner como paradigma, Metz formula uma tese que corrobora com o estudo realizado nesta obra.

Metz parte da constatação da separação presente na Teologia atual entre sistema teológico e experiência religiosa. "Não se trata dessa reconciliação privada entre doutrina e biografia, mas que tal reconciliação não se tornou teologia, não atingiu um certo nível de publicidade, de comunicabilidade e ressonância histórica no amplo canal teológico."[12] A experiência religiosa foi relegada ao campo das impressões subjetivas, para a qual a dogmática nada tem a dizer.

O autor pergunta-se sobre a importância que a doutrina tem no âmbito da vida religiosa como configuração, libertação e transformação, e constata que cada qual segue por caminhos distintos, sem que uma seja relevante para a outra. A sua proposta de superação está no intento de construir o que ele chamou de Teologia dogmática biográfica. Não é uma teologia dedutiva organizável de forma sistemática, mas um relato da história pessoal diante de Deus, formulado e condensado conceitualmente.

Metz elenca o significado de introduzir o sujeito na dogmática. Escreve:

> Significa tornar o homem, com sua vida e experiência religiosa, em tema objetivo da dogmática; significa ordenar a doutrina à vida e a vida à doutrina; significa, portanto, reconciliar dogmática e biografia entre si;

---

12 Ibid., p. 209.

em última análise, significa harmonizar a doxografia teológica e a biografia mística.[13]

Portanto, trata-se de uma teologia biográfica que supere as divisões históricas entre a doutrina e a vida. Isso permitirá contemplar a vida cotidiana do cristão como fonte de Teologia e a Teologia como fonte de inspiração para a vida cristã. Tal união poderia ajudar a resgatar a vida de muitos homens e mulheres ao longo do Cristianismo, cuja vida exemplar se reduziu ao âmbito da piedade e religiosidade popular.

A Teologia como biografia nos faz pensar na biografia como Teologia. Esse passo é facilmente justificado porque em ambos os casos se trata da relação e contribuição que uma traz para a outra. Essa proposição encontramos em Sandro Spinsanti, quando, ao tratar do tema dos modelos espirituais, propõe uma teologia da vida e uma biografia como Teologia. O autor constata que "a biografia religiosa, ou seja, a articulação da história pessoal vivida diante de Deus, afastou-se cada vez mais daquilo que a teologia científica reconhecia como sua tarefa própria".[14] A consequência é um certo desdém com a vida concreta, em vista de uma suposta objetividade científica.

À medida que a Teologia passa a dar atenção à história pessoal vivida diante de Deus pelo povo, ela elimina as distâncias entre a doutrina e a vida concreta

13 Ibid., p. 210.

14 SPINSANTI, 1983, p. 948.

do fiel. Nesse sentido, o relato da vida dos santos, que, atualmente, está relegado ao âmbito da devoção popular, passaria a importar para a Teologia. Não se trata apenas de perceber neles modelos de vida exemplar - que testemunharam as virtudes teologais de forma heroica -, mas de investigar o sentido teológico de suas biografias.

Portanto, não se trata de investigar fatos, peculiaridades ou feitos memoráveis na vida dos santos, mas de perceber como eles vivenciaram, no sentido prático, a fé que professaram. Assim, a vida dos santos traz um contributo significativo para a Teologia que encontra em fatos narrados as pegadas de Deus que se revela na história. Desse modo, contribui-se para a superação do dualismo entre Deus e o mundo, já que o Deus revelado é um Deus presente no mundo dos homens, embora seja distinto do mundo.

A biografia como Teologia nos permite falar de Deus a partir da relação entre Deus e o ser humano. Mesmo que essa relação seja limitada, devido a seu caráter pessoal, ela não deixa de trazer a sua contribuição para o âmbito teológico. Pois, só podemos falar de Deus de maneira limitada, reduzida e paralela. Assim, o santo ou o místico pode revelar uma faceta de Deus que se integra com outras, sem nenhuma pretensão de universalidade e totalidade. Por isso, o místico não visa a conduzir os outros a sua própria experiência, mas a levar cada um a fazer a sua própria, iluminado por seu exemplo.

Entre os teólogos da atualidade que buscam prestar atenção à vivência histórica como dado teológico,

Spinsanti cita Romano Guardini, que procurou uma visão unitária e total da existência cristã. Para esse projeto teológico, a vida histórica concreta dos santos é um terreno privilegiado. No texto, "O santo em nosso mundo", Guardini resgata as várias expressões de santidade ao longo dos séculos, para demonstrar o seu alcance teológico. Para ele, os santos expressam, a seu modo e no seu contexto, as diversas faces do amor cristão.[15]

O Livro da Vida, de Teresa de Jesus, é uma obra narrativa, onde ela fala sobre a ação de Deus em sua vida: tudo o que ele realizou para conduzi-la ao porto seguro da salvação. Seu intuito é levar outros ao mesmo caminho de salvação. A estrutura narrativa da obra expressa uma visão teológica da Revelação divina que assume a história humana como lugar de automanifestação. O estudo dessa obra pode colaborar com a Teologia na reconciliação entre dogmática e biografia.

O Livro da Vida, um exemplo de Teologia narrativa

Essa segunda seção do terceiro capítulo visa a fazermos o exercício de contemplar a vida de Teresa de Jesus, tal qual expressa nos nove primeiros capítulos do Livro da Vida, e a buscarmos elementos que

15 O texto de Romano Guardini é genial e propõe uma santidade para os nossos dias, já não mais alicerçada em atos heroicos e extraordinários, mas na vivência cotidiana do mandamento do amor. Esse estágio da vida cristã ele chamou de "o santo do invisível" (GUARDINI, 1960).

contribuam para a reflexão teológica. Podemos formular algumas perguntas que nos ajudem nessa tarefa: qual a sua imagem de Deus? Qual a sua compreensão sobre o ser humano? Como se relaciona com Jesus Cristo? Qual a relação entre pecado-graça-salvação?

Uma leitura teológica da sua vida

Conforme vimos anteriormente, Frei Luis de León, ao publicar essa obra, chamou-a de "A Vida da Madre Teresa de Jesus". O título pode dar a entender que se trata de uma autobiografia no sentido clássico. Embora a autora conte fatos de sua vida e narre muitas das suas experiências místicas, não é seu propósito fazer uma autobiografia. Ao contrário, não só se mantém no anonimato durante toda a sua obra, como também os lugares e as pessoas nela envolvidos.[16] O objetivo da autora não é falar de si mesma, de sua vida, de sua história pessoal, mas sim falar de Deus e do modo como ele age na vida concreta.

A autora serve-se da narração de fatos da sua vida como um testemunho da ação misericordiosa de Deus na história. Assim, o Livro da Vida "não é, todavia, uma autobiografia propriamente dita. Não abraça toda a vida da autora. Seu conteúdo autobiográfico

---

[16] "É muito curioso observar que, ao longo de todo o livro, Teresa mantém um claro anonimato, tanto em relação a si mesma quanto aos demais personagens que aparecem em sua obra (exceto o caso – já citado – de Frei Pedro de Alcântara e Francisco de Borja)" (FERMÍN, 2011, p. 246).

é parcial e setorial".[17] Teresa reproduziu nessa obra o intuito dos autores sagrados. Assim como nas Sagradas Escrituras, o intuito da redação não é contar a história, mas fazer teologia da história.

Llamas observa que "esta Vida não é uma história propriamente dita. É uma autobiografia espiritual em que as experiências interiores e místicas da autora têm precedência sobre os dados puramente históricos, cronológicos e familiares". Diversos fatores apontam para isso, como o anonimato da autora e de outros personagens que aparecem na obra, a parcialidade dos fatos narrados e a ênfase na relação com Deus. Assim, conclui Llamas: "Podemos dizer que é o relato da autora, ou é uma teologia biográfica, como alguns autores a descreveram, ou é uma biografia teológica, uma 'história da alma com Deus e de Deus com a alma', se cabe aplicar aqui o conceito de história".[18]

Teresa faz uma leitura teológica da sua vida com o objetivo pedagógico de conduzir os seus interlocutores a trilharem o caminho da oração. Está convencida de que a melhor maneira de falar de Deus é a partir das suas obras. Ela mesma dá a entender isso, quando afirma: "Eu me estendi tanto, como já disse, para que se veja a misericórdia de Deus e a minha ingratidão; a outra, para que se entenda o grande bem que Deus faz a uma alma que se dispõe a ter oração com vontade, ainda que não esteja tão disposta quanto é

17 ÁLVAREZ, 2011, p. 146.
18 LLAMAS, 2000, p. 1-2.

necessário" (V 8,4).[19] Portanto, no Livro da Vida, faz resplandecer o rosto misericordioso de Deus e aponta o caminho para encontrá-lo pela oração interpessoal, que ela chamará "trato de amizade" (V 8,5).

O Deus misericordioso da experiência teresiana

Teresa pode ser definida como uma verdadeira buscadora de Deus. Ela mesma nos narra como desde a sua infância procurava o valor das coisas eternas. A sua busca não seguiu por um caminho reto, mas sim tortuoso, com altos e baixos. No entanto, vai se descortinando gradualmente um Deus misericordioso que não mede esforços para levá-la ao caminho da salvação.[20] A história pessoal de Teresa encontra um espelho na própria história do povo de Deus, com suas fidelidades e infidelidades, suas lutas e conquistas. Teresa reconhece, a partir da experiência pessoal, que o principal atributo de Deus é a sua misericórdia.

Ao buscar a Deus com todo o seu coração, Teresa descobre-se buscada por ele. Ela afirma: "Creio que ele buscava incessantemente a melhor maneira de me trazer a si. Bendito sejais, Senhor, que tanto sofrestes

19 Minha tradução.

20 "Porque não me parece que vos faltasse desvelo para levar-me, desde essa idade, a ser toda vossa" (V 1,8). "De tudo isso Deus me livrou, e de um modo que mostrou com clareza estar ele procurando, até contra a minha vontade, evitar que eu me perdesse por inteiro" (V 2,6).

por mim! Amém" (V 2,8). Deus aparece como aquele que antecede toda a ação humana. Ele toma a iniciativa ao vir ao encontro do ser humano para revelar seu plano de amor. Deus é o verdadeiro protagonista da história humana, e essa consciência é manifestada nos escritos teresianos, conforme afirma Jesús Castellano:

> Os escritos teresianos são mais a história do mistério e da ação de Deus em Santa Teresa do que a narrativa de sua própria vida. Deus protagoniza a história; ela coloca sua experiência como uma tela onde Deus vem bordando delicadezas de vida divina. Deus ocupa o primeiro lugar nos escritos teresianos, tem a iniciativa, dirige o enredo da sua história, faz-se presente.[21]

Teresa escreve sobre a misericórdia experimentada em primeira pessoa. A experiência é a fonte das suas afirmações doutrinárias. A esse respeito, afirma Maximiliano Herraiz, "a experiência é a fonte de sua palavra, através da experiência, longa e profunda, deve-se começar a compreender toda a força de sua palavra".[22] No entanto, o mesmo autor adverte, "a narração de sua experiência não é um fim em si mesma". Para ele, Teresa tem uma forma peculiar de fazer teologia: "Narrar sua experiência como premissa de uma afirmação doutrinária".[23]

Conforme ressalta Castellano, a doutrina teresiana sobre Deus se caracteriza por duas notas com o

---

[21] CASTELLANO, 2002, p. 210.

[22] HERRAIZ, 2009, p. 276.

[23] Ibid., p. 277.

cunho de atualidade: o personalismo e o dinamismo da vida cristã. "Os teólogos observaram o personalismo da graça que supera uma velha concepção material e 'coisicista' da participação na vida divina; a graça é 'alguém'. Na experiência teresiana, prevalece essa orientação pessoal do encontro com Deus."[24] Deus é um tu que se relaciona e se revela ao ser humano por meio do seu amor misericordioso.

A outra nota destacada pelo autor é o dinamismo da vida cristã. Escreve Castellano: "Há também um dinamismo que dá à vida cristã a dimensão da busca, da surpresa, do risco, da aventura, da esperança. A experiência da vida da graça abre-se a um caminho progressivo, como já notamos em diversas ocasiões".[25] Para Teresa, a vida cristã é um itinerário dinâmico, construído na relação Deus-pessoa humana. Não é um itinerário preestabelecido, mas com um imperativo de crescimento interno, que visa à plena comunhão no amor.

A experiência teresiana aponta para o mistério de Deus transcendente e imanente, ao mesmo tempo. É transcendente enquanto está para além das coisas criadas e da capacidade humana de defini-lo e conceituá-lo. Teresa faz essa experiência de assombro ante o mistério de Deus, que é incomunicável. Sua linguagem vê-se continuamente frustrada ao tentar narrar a experiência da graça divina. Mas, ao mesmo tempo,

[24] CASTELLANO, 2002, p. 210.
[25] Ibid., p. 210.

ela experimenta um Deus imanente, que está sempre presente e aberto à comunicação com suas criaturas. Deus deseja comunicar-se aos seres humanos e manifestar o seu amor. Assim, conforme afirma Castellano:

> O Deus de Teresa é o Deus amigo dos homens, que vive e trata com eles, como já diziam os profetas. É notável a suave preferência teresiana pela concretização desse atributo de Deus; o Deus Amor da revelação suprema de São João (1Jn 4,8.16) fica personalizado e mais próximo, humanizado, no Deus Amigo de Teresa. Um Deus muito "amigo dos amigos", como enfatiza a autora (CV 35,2) com todos os atributos de fidelidade, compreensão, "tratabilidade".[26]

O conceito de misericórdia, na experiência e na doutrina teresiana, integra a transcendência e a imanência de Deus à medida que tal atributo divino evoca a sua grandeza e abaixamento ao mesmo tempo. A misericórdia é a expressão de um Deus que está para além do pecado humano, que não se detém no limite de suas criaturas, que não se confunde com os sentimentos humanos, mas que manifesta o seu amor e proximidade, oferecendo o seu perdão e a sua amizade.

A experiência que Teresa faz de Deus é progressiva; para Jesús Castellano, tal experiência "segue as características do mistério da economia trinitária da revelação e da comunicação aos homens".[27] Podemos identificar três momentos bem nítidos nesse

---

[26] Ibid., p. 215-216.
[27] Ibid., p. 211-212.

itinerário. O primeiro é a presença de Deus na criação e, de modo especial, em cada pessoa. Teresa experimenta um Deus presente, amigo, próximo, que não se confunde com a criação, mas a sustenta com o seu amor. O segundo é a presença de Cristo ressuscitado como "livro vivo", "mestre interior", "bom amigo", que, com sua sacratíssima humanidade, acompanha toda a vida espiritual. O terceiro é a introdução da alma no mistério trinitário, experiência cume da vida mística na qual Teresa se vê inserida por graça divina.

Uma cristologia da amizade

A cristologia teresiana foi estudada por diversos autores, pois é consenso entre os estudiosos ressaltar a sua centralidade na experiência e doutrina teresiana.[28] "Para Santa Teresa, como para todo cristão consciente de sua fé, Jesus é o centro orbital de sua vida nova e de toda a própria história de salvação. Ele é também o centro nuclear de seu pensamento e de seu magistério espiritual."[29] A compreensão cristológica de Teresa desenvolve-se ao longo da sua vida oracional, seguindo a dinâmica de um relacionamento que se torna cada vez mais intenso e íntimo. Assim, a cristologia que encontramos nos seus escritos será, sobretudo, fruto de sua amizade com Cristo.

---

28 CASTRO, 1978.

29 ÁLVAREZ, 2009e, p. 429.

A cristologia teresiana possui um profundo substrato bíblico, pois, ainda que não lhe fosse possível ler os textos do Evangelho em vernáculo, adquiriu, de forma indireta, um grande conhecimento bíblico por meio de diversos autores de livros espirituais que comentavam o Evangelho. Entre eles, destacamos a obra *Vita Christi*, do cartuxo Landulfo de Saxônia, que relata com abundância diversos textos do Evangelho.

Algumas cenas do Evangelho produzem um impacto significativo na experiência teresiana, como, por exemplo, a paixão de Cristo. Teresa gosta de meditar sobre a passagem do Horto das Oliveiras, de contemplar Jesus solitário em sua agonia, porque vê isso como momento propício para aproximar-se dele e consolá-lo. Ela nos narra: "Eu acreditava que, estando só e aflito, ele haveria de me acolher, sendo eu pessoa necessitada. Eu me sentia muito bem, em especial na oração do Horto, onde lhe fazia companhia" (V 9,4).

A meditação teresiana gira em torno de Cristo, de sua sacratíssima humanidade, como ela costumava se referir a Jesus de Nazaré. A sua técnica consistia em simplesmente representar Cristo dentro de si, reproduzindo algumas cenas evangélicas e dando-lhe caráter pessoal, de forma a inserir-se no relato bíblico, tornando-o atual e contemporâneo a ela. A meditação da vida de Cristo, sua entrega, paixão, crucificação e ressurreição revelam a misericórdia de Deus. Teresa assume a vida de Cristo como dom do Pai para a sua salvação. Jesus Cristo é o caminho para a salvação.

O episódio decisivo na experiência teresiana pertence ao cume dos capítulos que estamos estudando no Livro da Vida. No capítulo nono, Teresa relata o seu encontro com uma imagem de Cristo muito chagado. O relato já foi analisado no segundo capítulo e aqui iremos apenas recordar o significado que tal experiência trouxe para a doutrina teresiana. A imagem que Teresa tinha diante de si "representava bem o que ele passou por nós" (V 9,1). O encontro com a imagem equivale a um encontro com a pessoa de seu Senhor. Ela se conecta ao sofrimento de Cristo e extrai dele o elemento essencial: a salvação.

O olhar para Cristo lhe permite o olhar para si mesma, e ela constata: "Foi tão grande o meu sentimento por ter sido tão mal-agradecida àquelas chagas" (V 9,1). A ingratidão de Teresa contrasta com o amor generoso de Jesus. Dessa experiência de ser amada e não corresponder à altura, emerge a convicção teresiana da misericórdia divina. A experiência da misericórdia abre espaço para a confiança e o abandono nas mãos de Deus, conforme a própria autora relata: "Porque eu já desconfiava muito de mim mesma e depositava toda a minha confiança em Deus" (V 9,1).

Para Teresa, a experiência de Cristo desemboca sempre em uma vida nova. Possui um caráter transformante, que não permite ao ser humano permanecer no pecado. Ela tem grande apreço pela formulação paulina desse aspecto da vida cristã: "Já não sou eu quem vive, mas Cristo vive em mim. E esse viver que agora tenho na carne, vivo pela fé no Filho de Deus, que me amou e se entregou por mim" (Gl 2,20). Tal identificação está expressa em um poema escrito por ela, "Vivo sem viver em mim", cujos versos remetem à vida divina nela: "Vivo sem viver em mim e tão alta vida espero que morro por não morrer. Vivo já fora de mim, depois que morro de amor, porque vivo no Senhor, que me quis só para si" (P 1).

Portanto, o Livro da Vida, quando lido como Teologia narrativa, é fonte de reflexão teológica. Esse estudo serve de exemplo para superar o cisma entre a dogmática e a mística. Teresa de Jesus, sendo uma grande mística, procurou discernir a sua experiência à luz da Teologia de sua época. Hoje, a Teologia pode olhar para sua experiência e elaborar enunciados teológicos. Dessa forma, as biografias dos santos podem ser reabilitadas ao corpo teológico.

Conclusão

Teresa de Jesus se insere num contexto de reforma e renovação espiritual promovidas pelos reis católicos e executadas pelo Cardeal Cisneros. Com a efervescência dos movimentos espirituais e a Reforma Protestante, essa renovação torna-se arbitrária. Ela é imposta e, ao mesmo tempo, vigiada pela Inquisição. Teresa movimenta-se nesse ambiente inóspito sem deixar-se abater e intimidar. Está convencida de que a sua experiência é iluminadora e pode ajudar outras pessoas.

Ela vivencia todos esses acontecimentos a partir da sua repercussão espiritual. Sobretudo, causa-lhe grande dor tomar conhecimento da divisão entre católicos e luteranos. Teresa faz a experiência dolorosa de uma Igreja dividida e procura oferecer a sua ajuda. Seu ímpeto missionário surge de uma graça mística na qual reconhece a misericórdia divina na sua vida pessoal e começa se preocupar com a salvação de todos.

Teresa é influenciada por esses movimentos de renovação espiritual de cunho popular. A *Devotio moderna* promovia o cristocentrismo prático e a oração afetiva, elementos importantes no magistério teresiano. A contemplação da vida de Cristo será a base bíblica para se compreender a misericórdia divina. A oração afetiva permitirá a identificação com os sofrimentos da paixão de Cristo e dará lugar ao desejo de corresponder a seu amor.

O conflito entre esses movimentos espirituais populares e a Igreja hierárquica esconde a divisão entre teólogos e espirituais. De um lado, os teólogos desprezam os espirituais, acusando-os de quietismo espiritual, além de terem certa desconfiança da oração mística. De outro, os espirituais desconsideram os teólogos por considerá-los profissionais de letra vazia de espírito e, por isso, incapazes de guiar as almas pelos caminhos do espírito.

Teresa se situará numa posição diferente em relação aos dois grupos, pois eliminará a oposição entre ambos reconhecendo que os espirituais devem discernir a sua experiência à luz da Teologia. No entanto, está convencida de que o ideal seria se houvesse "experiência" e "letras" ao mesmo tempo, ou seja, o ideal é o mútuo enriquecimento que se pode extrair desses dois saberes. O estudo aqui realizado demostrou como é possível superar a separação entre mística e dogmática.

Ao falarmos de leituras e mestres teresianos, é necessário ressaltar a importância que as Sagradas Escrituras têm como fonte inspiradora do conceito sobre a misericórdia. O Sl 88,2 é o fundamento bíblico do intuito teresiano de "cantar as misericórdias de Deus" no Livro da Vida. O objetivo da narração da sua vida é falar de Deus e da sua ação misericordiosa.

Os relatos apenas servem de exemplo de como Deus foi misericordioso com a sua serva.

Teresa, além das Sagradas Escrituras, recebeu a influência de Agostinho no seu conceito sobre a misericórdia. Há uma profunda identificação entre os dois místicos. As *Confissões* e o Livro da Vida possuem a mesma estrutura de uma autobiografia teológica. De Agostinho, Teresa herdará: o coração inquieto, a consciência do pecado, a primazia da graça e o encontro com Deus no interior de si.

A análise do Livro da Vida nos permitiu definir essa obra como uma autobiografia teológica. Basta considerarmos o estilo de linguagem, a temática e a intencionalidade da autora, para percebermos o seu intuito teológico. Teresa faz teologia ao apresentar a face misericordiosa de Deus por meio do relato da sua história pessoal. Ela revela também um objetivo apostólico, pois está convencida dos benefícios do caminho da oração e deseja encorajar o leitor a trilhar esse caminho.

A relação entre pecado e graça emerge do estudo do Livro da Vida como elemento essencial para compreender a misericórdia divina. O pecado representa a infidelidade à aliança divina, a traição ao amor recebido, o fechamento à graça, enfim, uma espécie de ingratidão a Deus, que se desvela de amor por suas criaturas. Teresa, ao acentuar a sua condição de pecadora, deseja ressaltar a graça divina. Nesse cenário, a oração surge como espaço unificador do coração, onde se passa da confiança em si para a confiança em Deus misericordioso.

O Livro da Vida pode ser perfeitamente enquadrado no conceito de Teologia narrativa. Weinrich e Metz trouxeram para o campo da Teologia o resgate da figura do narrador, recordando que o Cristianismo é uma comunidade narrativa. Boa parte do cânon das Escrituras é formado por narrações. Negar a narração como expressão teológica levaria a relativizar a expressão originária da fé, que se exprime por meio de relatos. O próprio anúncio do querigma nada mais é do que um relato performativo.

Sendo assim, a grande contribuição do estudo do Livro da Vida é colaborar com a Teologia no resgate da sua dimensão narrativa. Além disso, tal postura teológica permite a superação da esquizofrenia entre a fé professada e a vida cristã concreta. Ao mesmo tempo que a Teologia não pode virar as costas para a experiência pessoal da fé, esta não pode prescindir de um conteúdo formal que sirva de fonte e estímulo para o dinamismo da vida cristã.

Para estudos posteriores, podemos elencar alguns elementos de grande relevância para a Teologia atual. Hoje, o tema da misericórdia aparece muito mais como solidariedade ante a necessidade do próximo. Aqui se poderia investigar como Teresa aborda a misericórdia diante do próximo e como a experiência mística pode despertar para a solidariedade. Outro aspecto é pensar uma pedagogia pastoral para ajudar os fiéis na experiência da misericórdia, visto que ela aparece no magistério teresiano como dinamismo da vida cristã.

Outra temática para estudos posteriores poderia ser analisar o tema da graça nos escritos teresianos em comparação com outros autores. O tema da Teologia da graça no pensamento teresiano não foi suficientemente examinado ainda. Esse assunto tem uma forte ligação com a Antropologia, pois a consciência de pecadora agraciada define a compreensão que Teresa tem da existência humana.

Referências bibliográficas

ÁLVAREZ, Tomás. *Estudios teresianos*: biografía e historia. Burgos: Monte Carmelo, 1996 (Col. Carmelo 2000 I).

ÁLVAREZ, Tomás. *Estudios teresianos*: doctrina espiritual. Burgos: Monte Carmelo, 1996a (Col. Carmelo 2000 III).

ÁLVAREZ, Tomás. Cartusiano. In: SCIADINI, Patrício (Org.). *Dicionário de Santa Teresa de Jesus*. São Paulo: Edições Carmelitanas/LTR Editora, 2009, p. 179.

ÁLVAREZ, Tomás. *Comentarios al Libro de la Vida de Santa Teresa de Jesús*. Burgos: Monte Carmelo, 2009a.

ÁLVAREZ, Tomás. Fundadora/Fundações. In: SCIADINI, Patrício (Org.). *Dicionário de Santa Teresa de Jesus*. São Paulo: Edições Carmelitanas/LTR Editora, 2009b, p. 364-366.

ÁLVAREZ, Tomás. Honra. In: SCIADINI, Patrício (Org.). *Dicionário de Santa Teresa de Jesus*. São Paulo: Edições Carmelitanas/LTR Editora, 2009c, p. 393-397.

ÁLVAREZ, Tomás. Jerônimo. In: SCIADINI, Patrício (Org.). *Dicionário de Santa Teresa de Jesus*. São Paulo: Edições Carmelitanas/LTR Editora, 2009d, p. 427.

ÁLVAREZ, Tomás. Jesus Cristo na vida e no ensinamento de Teresa. In: SCIADINI, Patrício (Org.). *Dicionário de Santa Teresa de Jesus*. São Paulo: Edições Carmelitanas/LTR Editora, 2009e, p. 429-438.

ÁLVAREZ, Tomás. Teresa de Jesus. In: SCIADINI, Patrício (Org.). *Dicionário de Santa Teresa de Jesus*. São Paulo: Edições Carmelitanas/LTR Editora, 2009f, p. 653-665.

ÁLVAREZ, Tomás. *100 fichas sobre Teresa de Jesus*: para aprender e ensinar. Belo Horizonte: Código Comunicações, 2011.

ÁLVAREZ, Tomás. El autógrafo del Libro de la Vida. In: FERMÍN, Javier Sancho; LODOÑO, Romulo Cuartas (Dir.). *El*

Libro de la Vida de Santa Teresa de Jesús: actas del I Congreso Internacional Teresiano. Burgos: Monte Carmelo; Universidad de la Mística, 2011a, p. 35-69.

ANDRÉS MARTIN, Melquíades. *Los recogidos*. Nueva visión de la mística española (1500-1700). Madrid: Fundación Universitaria Española, 1975.

BANBRIDGE, Margarita Maria. Mulher. In: SCIADINI, Patrício (Org.). *Dicionário de Santa Teresa de Jesus*. São Paulo: Edições Carmelitanas/LTR Editora, 2009, p. 511-516.

BATAILLON, Marcel. *Erasmo y España*: estudios sobre la historia espiritual del siglo XVI. México: Fondo de Cultura Económica, 1950.

BENJAMIN, Walter. *A arte de contar histórias*. São Paulo: Hedra, 2019. Disponível em: <https://www.hedra.com.br/product/sizechart/size_chart/805>. Acesso em: 20 de jan. de 2023.

CANONICA, Elvezio. La recepción y la difusión del De imitatione Christi en la España del siglo de oro. *Castilla Estudios de Literatura*, Valladolid, v. 6, p. 336-349, jan. 2015.

CASTELLANO, Jesús. Espiritualidad teresiana: experiencia y doctrina. In: BARRIENTOS, Alberto et al. *Introducción a la lectura de Santa Teresa*. 2. ed. Madrid: Editorial de Espiritualidad, 2002, p. 157-281.

CASTRO, Secundino. *Cristologia teresiana*. Madrid: Editorial de Espiritualidad, 1978 (Redes 5).

DEL BLANCO, Mauricio Martin. Los fenómenos extraordinarios en la mística de Santa Teresa de Jesús. *Teresianum*, Roma, v. 33, p. 361-409, ago. 1981.

EGIDO, Teofanes. *El linaje judeoconverso de Santa Teresa*: pleito de hidalguía de los Cepeda. Madrid: Editorial de Espiritualidad, 1986.

EGIDO, Teofanes. Alonso Maldonado de Buendía. In: ÁLVAREZ, Tomás. *Diccionario de Santa Teresa*. 2. ed. Burgos: Monte Carmelo, 2006, p. 1004-1005.

FERMÍN, Javier Sancho. Objetivos e intencionalidades del Libro de la Vida. In: FERMÍN, Javier Sancho; LODOÑO, Romulo

Cuartas (Dir.). *El Libro de la Vida de Santa Teresa de Jesús*: actas del I Congreso Internacional Teresiano. Burgos: Monte Carmelo/Universidad de la Mística, 2011, p. 241-253.

FERMÍN, Javier Sancho; LODOÑO, Romulo Cuartas (Dir.). *El Libro de la Vida de Santa Teresa de Jesús*: actas del I Congreso Internacional Teresiano. Burgos: Monte Carmelo/Universidad de la Mística, 2011.

GUARDINI, Romano. *El santo en nuestro tiempo*. Madrid: Cristandad, 1960. Disponível em: <https://jlcaravias.files.wordpress.com/2013/07/guardini-el-santo-en-nuestro-mundo-pdf.pdf>. Acesso em: 20 de jan. de 2023.

HERRÁIZ, Maximiliano. Deus. In: SCIADINI, Patrício (Org.). *Dicionário de Santa Teresa de Jesus*. São Paulo: Edições Carmelitanas/LTR Editora, 2009, p. 271-282.

HUGUENIN, Marie-Joseph. *L'esperienza dela divina misericórdia in Teresa di Gesù*: saggio di sintesi dottrinale sulla Santa d'Avila. Roma: Edizioni OCD, 2005.

LAS CASAS, Bartolomeu. *Sermão profético do dominicano Antônio Montesinos em defesa dos índios*. Santo Domingos, 1511. Disponível em: <https://www.missiologia.org.br/wpcontent/uploads/cms_documentos_pdf_30.pdf>. Acesso em: 28 set. 2022.

LLAMAS, E. Presentación. In: SANTA TERESA DE JESÚS. *Obras completas*. 5. ed. Madrid: Editorial de Espiritualidad, 2000, p. 1-2.

LLAMAS, E. Libro de la Vida. In: BARRIENTOS, Alberto et al. *Introducción a la lectura de Santa Teresa*. 2. ed. Madrid: Editorial de Espiritualidad, 2002, p. 333-374.

MARCOS, Juan Antonio. *Mística y subversiva*: Teresa de Jesús. Madrid: Editorial de Espiritualidad, 2001.

MAROTO, Daniel de Pablo. Santa Teresa y el protestantismo español. In: EGIGO, Teofanes et al. *Perfil histórico de Santa Teresa*. Madrid: Editorial de Espiritualidad, 1981, p. 119-151 (Col. Redes 11).

MAROTO, Daniel de Pablo. *Lecturas y Maestros de Santa Teresa*. Madrid: Editorial de Espiritualidad, 2009.

MENDIETA, Domingo Fernandez. Missões. In: SCIADINI, Patrício (Org.). *Dicionário de Santa Teresa de Jesus*. São Paulo: Edições Carmelitanas/LTR Editora, 2009, p. 485-491.

METZ, Johann Baptist. Breve apologia de la narración. Revista *Concilium*, Madrid, n. 85, p. 222-238, 1973.

METZ, Johann Baptist. Teologia como biografia. Revista *Concilium*, Madrid, n. 115, p. 209-218, 1976.

MIRANDA, José Miguel. Família de Santa Teresa na América. In: SCIADINI, Patrício (Org.). *Dicionário de Santa Teresa de Jesus*. São Paulo: Edições Carmelitanas/LTR Editora, 2009, p. 58-63.

MOLTMANN, Jürgen. Mística de Cristo en Teresa de Ávila y Martín Lutero. *Revista de Espiritualidad*, Madrid, v. 42, p. 168-169; p. 459-478, jul.-dez. 1983.

NOVALÍN, José Luis González. La Inquisición española y el movimiento espiritual de los alumbrados. In: VILLOSLADA, Ricardo García. *Historia de la Iglesia en España*: la Iglesia en España de los siglos VIII-XIV. Madrid: La Editorial Católica, 1982. 2 v.

PACHO, Alberto. Alumbrados. In: ANCILLI, Ermanno. *Diccionario de espiritualidad*. Barcelona: Editorial Herder, 1983. 2 v., p. 90-94.

PACHO, Alberto. Protestantismo. In: SCIADINI, Patrício (Org.). *Dicionário de Santa Teresa de Jesus*. São Paulo: Edições Carmelitanas/LTR Editora, 2009, p. 565-567.

PACHO, Eulogio. Escenario Historico de San Juan de la Cruz. *Monte Carmelo*, Burgos, v. 98, n. 2-3, p. 9-241, 1990.

PACHO, Eulogio. *El apogeo de la Mística Cristiana*: historia de la Espiritualidad Clásica Española. Burgos: Monte Carmelo, 2008.

PÉREZ, Ricardo Blázquez. El Libro de la Vida: un ejemplo de teología narrativa. In: FERMÍN, Javier Sancho; LODOÑO, Romulo Cuartas (Dir.). *El Libro de la Vida de Santa Teresa de Jesús*: actas del I Congreso Internacional Teresiano. Burgos: Monte Carmelo/Universidad de la Mística, 2011, p. 19-51.

PONTIFÍCIA COMISSÃO BÍBLICA. *A interpretação da Bíblia na Igreja*. 6. ed. São Paulo: Paulinas, 2004.

RODRÍGUEZ, Vicente Vide. El discurso teologico sobre el Dios vivo. *Revista Salmanticensis*, Salamanca, n. 57, p. 475-499, 2010.

ROMÁN, Pilar Huerta. *El telar de la Palabra*: ecos bíblicos en la autobiografía teresiana. 2. ed. Madrid: Editorial de Espiritualidad, 2013 (Col. Logos 101).

RUIZ, Alfonso. Bíblia. In: SCIADINI, Patrício (Org.). *Dicionário de Santa Teresa de Jesus*. São Paulo: Edições Carmelitanas/LTR Editora, 2009, p. 106-113.

RUIZ, Alfonso. La gran misericordia. *Revista Monte Carmelo*, Burgos, v. 124, n. 2, p. 249-293, 2016.

SÁNCHEZ, Secundino Castro. *El fulgor de la Palabra*: nueva comprensión de Teresa de Jesús. Madrid: Editorial de Espiritualidad, 2012 (Logos 100).

SANTA TERESA DE JESUS. *Obras completas*. 3. ed. São Paulo: Edições Carmelitana/Loyola, 2008.

SPINSANTI, Sandro. Modelos espirituales. In: FIORES, Stefano. GOFFI, Tullo. *Nuevo Diccionario de Espiritualidad*. Madrid: Paulinas, 1983, p. 943-952.

VERGAUWEN, Guido. Revelación y narración. In: XIII Simposio Internacional de Teología de la Universidad de Navarra. Navarra: Servicio de Publicaciones de la Universidad de Navarra, 1993, p. 589-603.

VILLOSLADA, Ricardo García. Rasgos característicos de la devotio moderna. *Manresa*, Bilbao, v. 28, p. 315-350, jul. 1956.

WEINRICH, Harald. Teologia narrativa. Revista *Concilium*, Madrid, n. 85, p. 210-221, 1973.

Paulinas

Rua Dona Inácia Uchoa, 62
04110-020 – São Paulo – SP (Brasil)
Tel.: (11) 2125-3500
paulinas.com.br – editora@paulinas.com.br
Telemarketing e SAC: 0800-7010081